EN 2H JE CUISINE POUR TOUTE LA SEMAINE

SPÉCIAL RÉÉQUILIBRAGE ALIMENTAIRE

EN

2H

JE CUISINE POUR TOUTE LA SEMAINE

SPÉCIAL RÉÉQUILIBRAGE ALIMENTAIRE

80 REPAS

FAITS MAISON, SANS GÂCHIS
ET AVEC DES PRODUITS DE SAISON
POUR VOUS ACCOMPAGNER DANS VOTRE PERTE DE POIDS

PHOTOGRAPHIES : ALINE PRINCET
STYLISME : VÉRONIQUE TANNEUR

hachette
CUISINE

Introduction

Avec la méthode du batch-cooking, vous obtenez du temps, de l'énergie, un allègement de la charge mentale et aussi une perte de poids !

Pour atteindre vos objectifs, vous allez mieux vous organiser, cuisiner et faire de meilleurs choix alimentaires.

Grâce à quelques notions de nutrition, vous aurez toutes les clés en main pour y parvenir, sans restriction et sur du long terme.

Les besoins caloriques de chacun sont différents. Ils varient en fonction de votre âge, de votre poids, de votre taille et de votre activité physique.

Il est primordial de manger en fonction de ses besoins personnels, car même un plat qui pourrait être considéré comme « régime », ne vous fera pas perdre de poids si vous en mangez plus que vos besoins.

Comment faire alors ? Équilibrez toute votre semaine, éliminez les grignotages, renforcez votre activité physique et mangez à votre faim. Ne vous affamez pas, ce n'est pas comme cela qu'on perd du poids !

Il faut ainsi se tourner vers l'équilibre alimentaire, où l'on mange de tout, mais dans des proportions et des fréquences adaptées.

Le batchcooking, c'est quoi ?

Rentrer le soir à la maison après une journée de travail en se disant sur le chemin du retour que tout est prêt et qu'il n'y a plus qu'à réchauffer est, je crois, la sensation de bien-être la plus ultime ! Le luxe absolu si vous réfléchissez bien, un dîner fait maison, savoureux, bon, sans conservateurs ni additifs et à un coût plus que raisonnable.

Dans cet ouvrage, vous trouverez la marche à suivre, ultra-simple, pour cuisiner tous vos repas de la semaine en 2 h le week-end. Il vous faudra simplement trouver un peu de temps pour faire les courses et 2 h le dimanche pour cuisiner et préparer vos repas pour tous les soirs de la semaine. Ensuite il n'y aura plus qu'à réchauffer, assembler et mettre la table ce qui vous prendra maximum 15 minutes tous les soirs.

Nous vous proposons 16 menus classés par saison. Les menus sont conçus pour 1 personne adulte qui cherche à perdre du poids. Il devrait y avoir peu de restes, mais si c'est le cas, mettez-les dans une boîte et emportez-les au bureau le lendemain.

Les menus sont composés de 7 recettes chacun, 5 plats et 2 encas sains et équilibrés à consommer tout au long de la semaine quand vous avez une petite fringale.

Suivez les étapes

1 Choisissez un menu de saison qui vous tente.

2 Faites vos courses selon vos habitudes pour ne pas perdre du temps. Les ingrédients sont simples donc pas de problème pour les trouver.

3 Bloquez 2 h dans votre week-end, de préférence le dimanche, pour gagner 1 jour de fraîcheur.

4 Si vous avez la place, préparez le matériel dont vous avez besoin sur un plan de travail afin d'éviter de chercher et de vous laver les mains en permanence.

5 Sortez du réfrigérateur et des placards tous les ingrédients à utiliser et mettez-les à portée de main.

6 Lancez-vous dans les recettes, il suffit de suivre les étapes et de se laisser porter.

7 Laissez refroidir les préparations et placez-les dans des boîtes hermétiques ou des bouteilles avant de les placer au réfrigérateur ou au congélateur.

8 Suivez ensuite les indications pour chaque soir de la semaine. N'oubliez pas de décongeler la veille quand c'est nécessaire.

Les avantages de cette méthode

- Une semaine calme sans le stress du quotidien familial du dîner à préparer.
- Un gain de temps indéniable en cuisine avant et après le repas, vous ne vous retrouverez pas avec une tonne d'accessoires à laver et ranger.
- Des repas sains et équilibrés qui favorisent une perte de poids tout en se faisant plaisir.
- Des encas pour ne pas craquer au cours de la journée.
- Enfin, plus de gaspillage car tous les ingrédients achetés sont utilisés, pas ou peu de déchets et une économie de budget indéniable car vous ne serez pas tenté de commander ou d'acheter des choses en plus si tout est préparé.

Les inconvénients

Même s'il peut paraître compliqué de bloquer 2 h dans un week-end pour cuisiner, cela vaut vraiment le coup car c'est la seule contrainte de cette méthode. Tout le reste est fait pour vous faciliter la vie.

Avant de vous lancer

- Triez tout ce que vous avez dans le réfrigérateur et le congélateur afin de faire de la place. Jetez les aliments qui sont moisis ou périmés. Utilisez ou dégustez ce qui reste en fonction des dates de péremptions.
- Nettoyez le réfrigérateur avec du vinaigre blanc. Une fois le réfrigérateur propre, placez un peu de marc de café dans un petit pot. Mettez celui-ci au fond du réfrigérateur pour éliminer les odeurs.

Les temps de conservation recommandés au réfrigérateur

1 semaine
Salade lavée et bien essorée
Herbes aromatiques lavées
Légumes et crudités préparés et séchés
Vinaigrette

5 jours
Œufs durs
Légumineuses cuites maison

3 à 4 jours
Céréales cuites (riz, blé, quinoa)
Légumes cuits
Soupes, veloutés, gaspachos ou coulis
Gratins
Cocottes

2 jours
Quiches et tartes
Salades composées

À savoir

- Les pommes, les avocats ou les pommes de terre s'oxydent vite et ne peuvent pas se consommer longtemps après leur préparation.
- Essayer de faire cuire les céréales, le riz, les pâtes ou la semoule à la dernière minute pour une meilleure texture plus al dente et plus nature.
- Gardez les plats mijotés dans les cocottes afin de facilement les réchauffer.
- Congelez les herbes pour plus de saveur.
- Consommez les plats congelés dans les 2 mois pour plus de goût et de fraîcheur.

Matériel de base

Pour cuisiner :

* 1 économe
* 1 couteau de cuisine
* 1 râpe
* 1 passoire
* 1 planche
* 1 paire de ciseaux
* 1 mixeur plongeant ou 1 blender
* 3 casseroles
* 1 sauteuse
* 1 cocotte
* 1 grande poêle
* 1 wok
* 1 plaque à four
* 1 plat à four
* 1 plat à tarte
* 1 saladier
* 2/3 plats de service

Pour conserver les plats :

Du lundi au vendredi, conservez vos plats dans des boîtes, des bocaux, des bouteilles ou des plats. Essayez d'en avoir suffisamment sous la main. Préférez des boîtes hermétiques en verre qui peuvent passer facilement au four ou au micro-ondes. Le verre a l'avantage aussi de ne pas garder les odeurs et se lave en machine. Gardez les pots de miel ou de confiture pour les sauces et les vinaigrettes ou pour les herbes. Les bouteilles en verre pour les soupes, les veloutés ou les gaspachos. Normalement, pour un menu vous aurez de la base suivante :

* 1 grande boîte ou sachet zippé pour conserver la salade
* 4 à 5 boîtes d'1,5 l
* 5 boîtes moyennes
* 4 petites boîtes ou bocaux
* 1 bouteille en verre de 1,5 l

Ayez aussi dans vos placards pour couvrir les plats : film alimentaire, papier d'aluminium et couvre-plat réutilisable en plastique lavable

Placard de base

C'est une liste d'ingrédients qui sont souvent utilisés dans les menus. Vérifiez vos placards afin de ne pas en manquer.

Céréales et légumineuses

* Pâtes de toutes sortes
* Semoule
* Riz
* Blé
* Lentilles

Condiments

* Moutarde
* Vinaigre de cidre
* Vinaigre balsamique
* Huile d'olive
* Huile de tournesol
* Sel
* Poivre noir
* Lait de coco
* Bouillon cube
* Coulis de tomates
* Boîte de tomates concassées
* Fruits secs

Épices

* Herbes de Provence
* Origan
* Thym
* Romarin
* Cumin
* Curry
* Noix muscade
* Laurier
* Paprika

Comment bien équilibrer mon alimentation ?

Voici les fréquences recommandées en fonction des catégories d'aliments :

Boisson

1 à 1,5 l d'eau au minimum par jour, à boire par petites gorgées, tout du long de la journée.

Légumes

Les recommandations sont fixées à au moins 5 portions de fruits et légumes par jour. Une portion étant l'équivalent d'une part de 150 g, soit un petit bol. Répartissez avec au moins 3 portions de légumes et 2 portions de fruits. Au vu de l'apport calorique très faible des légumes et de leurs atouts nutritionnels, vous pouvez les consommer sans restriction, à condition de contrôler l'assaisonnement associé.

Féculents

À chaque repas. Les féculents doivent être consommés modérément, surtout si votre activité physique est faible.
Ce sont tout de même des alliés dans la gestion de la perte de poids en vous apportant de l'énergie, des fibres qui une belle source de vitamines et minéraux. On choisira en priorité des produits complets et bruts, à IG (Index Glycémique) bas. L'important reste toujours de vous écouter. Si vous avez très faim, augmentez légèrement votre apport en féculents. À l'inverse, vous pouvez les supprimer sur un repas si votre journée est plus sédentaire. Dégustez au moins une fois toutes les deux semaines des légumineuses (lentilles, haricots, pois chiches...).

Viande

0 à 1 fois par jour. La viande rouge doit être limitée à 2 fois par semaine (maximum 500 g par semaine).

Poissons et fruits de mer

Le poisson est riche en protéines, presque autant que la viande, mais bien moins calorique, ce qui en fait un partenaire idéal dans la gestion du poids. L'un des atouts principaux du poisson est sa teneur en oméga-3, des acides gras essentiels dont nous manquons cruellement dans notre alimentation. Les recommandations vous conseillent de savourer 2 poissons par semaine, dont au moins 1 poisson gras (anguille, flétan, hareng, maquereau, sardine, saumon).

Produits laitiers

0 à 2 fois par jour. Vous pouvez vous tourner vers des alternatives végétales à base de soja, amande, avoine… à condition de les choisir enrichis en calcium et non sucrés.

Fruits

Savourez par jour 2 à 3 portions de fruits pour un bon apport en vitamines et minéraux.

Une portion correspond à 150 g de fruits, soit 1 pomme, 1 poire, 1 petite banane, 2 kiwis, 1 petit bol de fruits rouges… Privilégiez toujours les fruits entiers aux compotes ou jus.

Matières grasses

Elles sont nécessaires au bon fonctionnement de nos organismes et apportent des nutriments variés : de la vitamine E pour les huiles végétales, de la vitamine A pour le beurre, des oméga-3 dans certaines huiles…

Très calorique, leur usage doit être réfléchi et contrôlé.

- Utilisez des cuillères à soupe pour doser, et limitez à 1 portion de matières grasses par repas : 1 cuil. à soupe d'huile, 1 cuil. à soupe rase de crème fraîche ou 1 noisette de beurre.
- Variez vos sources et cherchez à avoir au moins une fois par jour une matière grasse riche en oméga-3 (huile de colza, de noix, d'avocat ou de lin).

- Préférez une huile de qualité, la plus « pressée à froid », la moins raffinée possible et biologique.
- Adaptez vos matières grasses au mode de cuisson employé.

Produits sucrés

À consommer de manière occasionnelle.

Pour une perte de poids saine et sereine : soyez à l'écoute de vos sensations !

Notre mode de vie de plus en plus intense nous rend moins à l'écoute de nos sensations physiques et alimentaires. La conséquence est directe, on mange en trop grande quantité, ce qui nous fait prendre du poids au fur et à mesure.

Quelques astuces pour retrouver une pleine conscience alimentaire :

- Soyez attentif à vos sensations : estomac qui tiraille, sensation de plénitude, appétit de moins en moins intense…
- Mangez plus lentement, afin de laisser le temps à votre cerveau de recevoir les signaux de satiété envoyés par l'estomac (en moyenne 20 min).
- Posez-vous toujours la question : « Ai-je vraiment faim ou est-ce juste une envie de me resservir ? »
- Soyez acteur lors de votre repas : dégustez ! Faites attention à l'ensemble de vos sensations alimentaires : c'est croquant ; la saveur est amère ; l'aliment fond en bouche…
- Prenez du plaisir à manger, c'est essentiel.

Combattre la sédentarité

Pour une perte de poids harmonieuse, il est indispensable d'augmenter son activité physique.

Quelques astuces peuvent vous sortir de la sédentarité :

- Allez à pied ou à vélo au travail.
- Promenez-vous pendant votre pause déjeuner.
- Oubliez les ascenseurs et escalators.
- Descendez une station de métro ou de bus avant l'arrivée et parcourez le reste à pied.
- Chaque week-end, profitez-en pour bouger !
- Vous pouvez ajouter une activité sportive qui vous plaît : de la musculation, du yoga, du pilates, de la gymnastique, de la danse…

Les recommandations préconisent de faire au moins 10 000 pas par jour. Chaque occasion doit être un prétexte pour bouger. Alors à vos baskets !

Printemps

#Conseil nutrition

Graphiquement, une **assiette équilibrée** est composée de :
½ de légumes, ¼ de féculents, ¼ de protéines animales ;
ou ⅔ de légumes, ⅓ de protéines végétales ou ⅓ de féculents.
Vous l'aurez compris, pour manger équilibré, vous devez organiser votre assiette en fonction des légumes que vous allez manger, et non en fonction de la protéine animale ou des féculents.
Si votre plat principal du midi se trouve déséquilibré, prenez alors une entrée de crudités, limitez la portion de votre plat et terminez par un laitage si besoin, suivi d'un fruit.

Menu #1

Courses Menu #1

Courses Menu #1

Légumes / Fruits

- 2 poireaux
- 1 céleri
- 2 oignons
- 1 petit chou-fleur
- 1 petite botte de radis roses avec fanes
- 1 botte d'asperges vertes
- 1 botte de persil
- 1 botte de ciboulette
- 3 pommes
- 1 sachet de fèves vertes épluchées (surgelées)
- 2 citrons

Placard de base

- Piment d'Espelette
- Épices indiennes (curry doux ou fort, massala…)
- Huile d'olive
- Huile de noisette
- Vinaigre de cidre
- Sel
- Poivre

#Conseil nutrition
Privilégiez des labels de qualité comme « Label Rouge » ou le sigle « Bleu-Blanc-Cœur ».
Pour ce dernier, l'alimentation des poulets a été enrichie en graines de lin. On se retrouve donc ***in fine*** avec un **blanc de poulet** plus riche en oméga-3 et de meilleurs atouts nutritionnels.

Viande / Poisson

- 50 g de tranches de bacon
- 1 dos de cabillaud (env. 200 g)
- 1 blanc de poulet fermier

Crémerie

- 1 petit pot de faisselle à 0 %
- 1 œuf (pour jeudi)

Épicerie

- 60 g de quinoa
- 120 g de noisettes

#Conseil nutrition
Regardez toujours la liste des ingrédients utilisés, surtout quand il s'agit de produits allégés.
Il y a souvent des ajouts de sucre, de conservateurs, de stabilisants, d'émulsifiants… néfastes pour notre santé. Une bonne **faisselle** 0 % est faite à base de lait de vache écrémé, rien d'autre !

Lundi

Velouté de poireaux
et bacon grillé à sec

Mardi

Chou-fleur aux épices indiennes grillé au four, faisselle 0 % aux herbes fraîches et quinoa

Mercredi

Papillote de dos de cabillaud sur lit d'asperges vertes, noisettes grillées, trait de citron et filet d'huile de noisette

Jeudi

Salade de fèves aux rondelles de radis, ciboulette et œuf coulant

Vendredi

Wok de blanc de poulet et petits légumes croquants au piment d'Espelette et herbes fraîches

Encas

- Compote de pommes
- Bocal de noisettes grillées à sec

Préparation Menu #1

Au préalable

1) Si vous avez suffisamment de place, sortez les ingrédients dont vous allez avoir besoin pendant la session de cuisine (tous sauf l'œuf).
2) Sortez les ustensiles nécessaires :

* 2 saladiers
* 1 grand bol + 1 petit bol
* 1 mixeur
* 1 économe
* 1 cuit-vapeur
* 2 plats à four
* 1 wok
* 3 casseroles moyennes
* 2 poêles
* 1 passoire fine
* 1 pinceau de cuisine
* 1 bouteille en verre
* 3 bocaux ou 3 pots en verre
* 8 boîtes ou récipients hermétiques
* Essuie-tout, papier sulfurisé

C'est parti pour 2 h en cuisine !

1. Commencez par préparer tous les légumes.
Coupez le vert des poireaux, incisez en deux les blancs et lavez-les sous l'eau claire. Hachez-les grossièrement et mettez la moitié dans un saladier et l'autre dans un bol. Lavez rapidement le céleri et épluchez-le. Coupez-le ensuite en petits cubes. Mettez la moitié dans le saladier et l'autre dans le bol avec les poireaux. Épluchez les oignons et ciselez-les. Mettez l'équivalent d'un oignon dans le saladier et l'autre dans le bol. Ôtez les côtes du chou-fleur et lavez-le bien sous l'eau claire. Réservez. Tranchez les feuilles de la botte de radis et lavez-les plusieurs fois puis essorez-les bien. Mettez-les dans le bol. Lavez les radis sous l'eau claire puis détaillez-les en rondelles. Réservez dans un petit bol.

Lavez les asperges vertes et coupez les bords à 1 cm. Coupez 3 asperges en tronçons et mettez-les dans le saladier avec les autres légumes. Tranchez le reste des asperges en 2 ou 3 dans la longueur pour les plus grosses. Réservez. Lavez et séchez le persil et la ciboulette puis ciselez-les.

2. Épluchez les pommes, coupez-la partie dure centrale et détaillez-les en petits morceaux.

3. Commencez les cuissons. Faites cuire les fèves à la vapeur 5 min ou selon les indications du sachet. Stoppez la cuisson en les plongeant dans un saladier d'eau glacée. Égouttez-les et réservez.

4. Mettez les pommes dans une casserole avec 2 cuil. à soupe d'eau et laissez cuire pendant 15 min à feu doux. Écrasez-les avec une fourchette et mettez dans une boîte.

5. Préparez le velouté de poireaux. Préchauffez le four à 180 °C (th. 6). Versez un filet d'huile d'olive dans une casserole et faites revenir les légumes qui sont dans le bol à feu doux pendant 5 min. Versez ensuite 50 cl d'eau, salez légèrement et faites cuire pendant 20 min à couvert.

6. Faites chauffer une poêle à sec et faites griller les tranches de bacon en les retournant régulièrement jusqu'à ce qu'elles soient croustillantes. Déposez-les sur du papier absorbant et laissez refroidir.

7. Mixez le velouté, ajoutez un peu d'eau si la consistance est trop dense. Goûtez, salez

si nécessaire et poivrez. Versez dans une bouteille en verre. Mettez le bacon dans une petite boîte.

8. Préparez la papillote de poisson. Découpez une feuille de papier sulfurisé et placez-la devant vous. Déposez un lit d'asperges vertes au centre de la feuille et déposez le dos de cabillaud sur les asperges. Coupez 1 citron en deux. Coupez une moitié en tranches fines et pressez le jus de l'autre moitié. Déposez les tranches de citron sur le cabillaud. Versez le jus de citron et fermez bien la papillote. Déposez-la dans un plat et enfournez pour 15 min pour un cabillaud ferme ou plus si vous le préférez plus cuit. À la sortie du four, placez dans une boîte.

9. Profitez du four pour enfourner le chou-fleur. Découpez une grande feuille de papier sulfurisé et déposez le chou-fleur au centre. Badigeonnez-le d'huile d'olive à l'aide d'un pinceau. Saupoudrez d'épices indiennes. Refermez la papillote et déposez-la dans un plat allant au four. Enfournez, avec le poisson, pour 1 h. Conservez-le ensuite dans une boîte.

10. Portez de l'eau à ébullition et faites cuire le quinoa selon les indications du sachet (rincez-le préalablement), égouttez-le puis mettez-le dans une boîte.

11. Préparez la salade de fèves. Mettez 4 cuil. à soupe de fèves dans le saladier avec les autres légumes. Versez le reste des fèves dans une boîte, ajoutez les rondelles de radis et 2 bonnes cuil. à soupe de ciboulette. Pressez le jus du dernier citron

#Conseil nutrition
La famille des **oléagineux** (noix, noisettes, amandes...) a des vertus nutritionnelles très intéressantes : richesse en fibres, en acides gras insaturés, prévention des maladies cardio-vasculaires...

__14__. Écrasez grossièrement 4 noisettes et faites-les revenir à sec dans une poêle pendant 2 min. Réservez dans une petite boîte.

__15__. Versez le reste des noisettes dans la poêle et faites-les griller de la même manière à sec. Versez dans un bocal.

__16__. Mettez les herbes qui restent dans 2 bocaux différents et conservez-les au frais.

et versez-le dessus. Ajoutez 2 cuil. à soupe d'huile d'olive, salez et poivrez. Mélangez, fermez la boîte.

__12. Enchaînez avec le wok de blanc de poulet.__
Coupez le poulet en fines lanières. Versez un filet d'huile d'olive dans le wok et versez tous les légumes du saladier ainsi que le poulet. Faites revenir 10 min en mélangeant régulièrement. Déglacez avec 2 cuil. à soupe de vinaigre de cidre. Laissez cuire encore quelques minutes. Les légumes doivent rester *al dente*.
Salez, poivrez et ajoutez du piment d'Espelette selon vos goûts. Versez dans une boîte.

__13__. Versez la faisselle dans une boîte, ajoutez 1 cuil. à soupe de ciboulette ciselée et 1 cuil. à soupe de persil. Salez et poivrez. Mélangez, fermez la boîte.

__Tout est prêt ! Laissez refroidir.__

Placez au réfrigérateur :
* La boîte contenant la compote de pommes (se conserve 3 jours)
* La bouteille en verre avec le velouté (se conserve 2 jours)
* Le bacon (se conserve 3 jours)
* La papillote de cabillaud (se conserve 3 jours)
* Le chou-fleur (se conserve 2jours)
* Le quinoa (se conserve 3 à 4 jours)
* La salade de fèves (se conserve 4 jours)
* La faisselle (se conserve 4 jours)
* Les herbes (se conservent 5 jours)
* Les noisettes écrasées (se conservent 4 jours)

Placez au congélateur :
* La boîte avec le contenu du wok

Laissez dehors :
* Le bocal de noisettes grillées

Résultat Menu #1

À faire chaque soir **Menu #1**

Lundi

Velouté de poireaux et bacon grillé à sec

Temps de réchauffage : 10 min

Ingrédients : le velouté, le bacon, 1 pincée de persil.
Réchauffez le velouté de poireaux à feu doux dans une casserole. Versez dans un bol, ajoutez le persil et le bacon cassé en morceaux.

Mardi

Chou-fleur aux épices indiennes grillé au four, faisselle 0 % aux herbes fraîches et quinoa

Temps de cuisson : 10/15 min
Temps de réchauffage : 5 min

Ingrédients : la papillote de chou-fleur, le quinoa, la faisselle, un peu de persil et de ciboulette.
Préchauffez le four à 180 °C (th. 6) et enfournez le chou-fleur dans sa papillote pour 10/15 min. Réchauffez le quinoa dans une casserole à feu doux pendant 5 min. Dégustez le tout avec la faisselle aux herbes.

Mercredi

Papillote de dos de cabillaud sur lit d'asperges vertes, noisettes grillées, trait de citron et filet d'huile de noisette

Temps de cuisson : 8/10 min

Ingrédients : la papillote de poisson, huile de noisette, les noisettes grillées.
Préchauffez le four à 180 °C (th. 6). Enfournez la papillote pour 8/10 min. Ouvrez la papillote, versez 1 filet d'huile de noisette et parsemez de noisettes grillées.

#Conseil nutrition
L'huile de noisette, en plus d'apporter une saveur particulière, est riche en oméga-3, il est important de la déposer sur le poisson une fois celui-ci cuit pour qu'elle ne chauffe pas.

#Conseil nutrition
La **fève** n'est pas un légume, mais une légumineuse (donc un féculent) car elle vous apporte une part importante de glucides. Cette recette sera parfaitement rassasiante grâce à sa richesse en fibres. La vitamine C présente dans le jus de citron est là pour maximiser l'assimilation du fer contenu dans les fèves et l'œuf.

Jeudi

Salade de fèves aux rondelles de radis, ciboulette et œuf coulant

Temps de préparation : 3 min
Temps de cuisson : 6 min

Ingrédients : la salade de fèves, 1 œuf.
Faites cuire l'œuf pendant 6 min dans l'eau bouillante ; passez-le sous l'eau froide et écalez-le. Versez la salade dans un bol et déposez l'œuf au centre, ouvrez-le délicatement.

Sortez le wok du congélateur et placez-le au frais pour le lendemain.

Vendredi

Wok de blanc de poulet et petits légumes croquants au piment d'Espelette et herbes fraîches

Temps de préparation : 3 min
Temps de cuisson : 5 min

Ingrédients : la boîte avec le contenu du wok, les herbes en sachets, piment d'Espelette.
Faites chauffer le wok et versez la préparation, faites revenir 5 min à feu doux et ajoutez les herbes restantes. Mélangez et dégustez bien chaud. Ajoutez un peu de piment d'Espelette, si vous aimez.

Encas

- Compote de pommes
- Bocal de noisettes grillées à sec

La compote se garde 3 jours maximum et les noisettes toute la semaine.

#Conseil nutrition
Attention toutefois à la portion consommée, car même s'ils contiennent du « bon gras », ce sont des aliments extrêmement caloriques. Ayez donc la main légère en dégustant une dizaine de **noisettes** maximum par collation.

#Conseil nutrition

Les principaux aliments qui composent la famille **des féculents** sont :

- Les céréales et leurs dérivés : le blé, le riz, l'avoine, le sarrasin, le quinoa, le pain…
- Les tubercules comme les pommes de terre, les patates douces, le panais, le rutabaga, le topinambour…
- Les légumes secs comme les lentilles, les haricots secs, les pois chiches…
- Les fruits amylacés comme la châtaigne sont aussi considérés comme des féculents.

→ On va chercher en priorité les féculents qui ont un IG (Index Glycémique bas), ou modéré (pâtes complètes, riz basmati, pain au levain, pain complet…).

→ Veillez aux quantités. Les légumes doivent toujours être au cœur de votre assiette. Votre repas s'organise autour des légumes, et non autour des féculents ou de la portion de viande ou de poisson.

→ On ne cumule pas deux sources de féculents pendant le même repas. Par exemple, évitez le pain si vous avez mangé des pâtes ou du riz.

Menu #2

Courses Menu #2

Courses Menu #2

Légumes / Fruits

* 1 botte de blettes
* 2 carottes
* 1 fenouil
* 200 g d'épinards
* 3 artichauts violets
* 1 petite salade verte
* 2 oignons
* 3 gousses d'ail
* ½ botte de menthe
* 1 botte de persil
* 5 pommes
* 3 citrons
* 1 orange
* 1 kiwi

Placard de base

* 1 bouquet garni
* Vin blanc sec
* Sirop d'érable
* Piment d'Espelette
* Farine
* Huile d'olive
* Sel
* Poivre

#Conseil nutrition
Lisez bien les étiquettes des **sirops d'érable** pour éviter les « saveurs d'érable » ou les « arômes d'érable » et gardez en tête que c'est un produit sucré, à consommer donc avec modération !

#Conseil nutrition
Les **poissons et fruits de mer** sont notre principale source d'exposition alimentaire au mercure, un métal lourd dangereux pour la santé. Ils sont donc à consommer, mais sans excès, limitez-vous à 2 poissons maximum par semaine.

Viande / Poisson

* 4 grosses crevettes
* 1 tranche fine de veau (grenadin)

Crémerie

* 25 g de feta
* 1 œuf
* 1 pot de skyr pour 1 personne

Épicerie

* 50 g de lentilles vertes du Puy
* 1 boîte de tomates concassées
* 40 g de blé
* 40 g de riz brun complet
* 4 feuilles de brick

#Conseil nutrition
Les **lentilles du Puy** sont reconnaissables grâce à leur logo rouge et jaune AOP (Appellation d'Origine Protégée).

#Conseil nutrition
Utiliser des **feuilles de brick** est une belle astuce pour alléger une tarte. Vous allez utiliser ici 4 feuilles de brick, soit 190 calories, alors qu'une pâte brisée approcherait les 870 calories.

Lundi

Soupe de lentilles du Puy aux feuilles de blettes

Mardi

Crevettes rouges à l'ail et piment d'Espelette, petit bol de riz brun aux dés de carotte et fenouil

Mercredi

Salade de côtes de blettes et piccata de veau au citron

Jeudi

Cocotte d'artichauts barigoule et blé

Vendredi

Spanakopita et salade verte au citron et huile d'olive

Encas

- Pommes au four au sirop d'érable
- Skyr aux lamelles d'orange et aux cubes de kiwi

Préparation Menu #2

Au préalable

1) Si vous avez suffisamment de place, sortez les ingrédients dont vous allez avoir besoin pendant la session de cuisine (tous sauf 1 citron).
2) Sortez les ustensiles nécessaires :
- 1 cuit-vapeur
- 1 grand bol + 2 petits bols
- 2 saladiers
- 1 économe
- 1 vide-pomme
- 1 pinceau
- 1 plat à tarte
- 1 cocotte
- 1 grande casserole + 2 petites
- 3 petites poêles
- 1 grande poêle
- 1 passoire fine
- 1 bouteille en verre
- 2 pots de confiture
- 8 boîtes ou récipients hermétiques
- Essuie-tout
- 1 bocal

C'est parti pour 2 h en cuisine !

1. Commencez par préparer les légumes.
Lavez la botte de blettes et séparez le vert des côtes. Hachez grossièrement le vert et coupez les côtes en tronçons. Réservez dans 2 bols différents. Épluchez les carottes, lavez-les et coupez-les en petits dés. Lavez puis épluchez le fenouil avec un économe. Gardez les tiges et le vert. Hachez le tout finement et réservez dans un bol. Lavez les épinards plusieurs fois sous l'eau claire, coupez les queues les plus longues et essorez-les avant de les mettre dans un saladier. Lavez les artichauts sous l'eau claire. Coupez la queue des artichauts en laissant 4 cm puis coupez les petites feuilles en tournant avec un couteau jusqu'à ce que

le cœur apparaisse. Tranchez d'un coup le haut des feuilles et retirez le foin du centre. Coupez toutes les feuilles dures. Mettez-les dans un saladier avec 1 trait de vinaigre blanc. Lavez la salade, essorez-la et placez-la dans une boîte. Épluchez et ciselez les oignons et l'ail. Lavez la menthe et le persil et séchez-les avec de l'essuie-tout.

2. Commencez les cuissons. Pour la soupe de lentilles, versez de l'huile d'olive dans une casserole et faites revenir l'équivalent d'un oignon pendant 3 min. Mélangez pour éviter que cela n'accroche puis ajoutez le vert des blettes. Mélangez et laissez fondre, ajoutez les lentilles rincées puis couvrez d'eau. Laissez cuire 20 min à couvert. Salez légèrement avant de verser dans une bouteille en verre.

3. Faites cuire les côtes de blettes à la vapeur pendant 10 min. Mettez-les dans une boîte, parsemez d'un peu d'ail frais, refermez la boîte.

4. Préparez la cocotte d'artichauts. Versez 1 cuil. à café d'huile d'olive dans une petite poêle et ajoutez l'équivalent d'une carotte, faites revenir pendant 3 min puis ajoutez l'oignon et l'équivalent d'une gousse d'ail. Mélangez et laissez cuire 2 min puis versez la boîte de tomates concassées. Mélangez et laissez mijoter 10/15 min. Dans une petite cocotte, versez 1 cuil. à café d'huile d'olive et faites revenir les artichauts à feu doux pendant 5 min. Versez 1 verre de vin blanc et 1,5 verre d'eau puis ajoutez le bouquet garni. Couvrez et laissez mijoter pendant 30 min. Versez la sauce dans une boîte et déposez les artichauts sur le dessus.

Préparation Menu #2

5. Faites cuire le blé dans une casserole d'eau bouillante selon les indications du paquet. Égouttez et conservez dans une boîte.

6. Préparez la spanakopita. Préchauffez le four à 180 °C (th. 6). Versez dans une poêle 1 cuil. à café d'huile d'olive et faites fondre les épinards avec la moitié du fenouil, la menthe et la moitié du persil. Laissez cuire 5 min, versez l'eau dans l'évier et, hors du feu, émiettez la feta sur la préparation. Cassez l'œuf sur le tout, mélangez bien. Huilez légèrement au pinceau un petit plat à tarte, déposez 2 feuilles de brick et ajoutez la préparation au centre en tassant bien. Repliez les bords vers le centre. Déposez 2 feuilles de brick sur le dessus et rentrez les bords sous la tarte. Huilez légèrement le dessus et enfournez pour 20/25 min.

Mettez dans une boîte. Réservez le reste de persil dans un bocal.

7. Préparez les pommes au four. Lavez 2 pommes et enlevez le cœur avec un vide-pomme. Badigeonnez, à l'aide d'un pinceau, l'extérieur et l'intérieur avec 1 cuil. à soupe de sirop d'érable puis enfournez pour 20 min à 180 °C (th. 6). Laissez refroidir et placez dans une boîte.

8. Faites cuire le riz brun selon les indications du paquet en y ajoutant le reste de dés de carotte et de fenouil. Égouttez et conservez dans une boîte.

9. Préparez les crevettes. Versez un filet d'huile d'olive dans une poêle et faites revenir le restant de l'ail pendant 1 min puis ajoutez les crevettes ; laissez cuire jusqu'à ce qu'elles soient bien roses.

Parsemez de piment d'Espelette, salez et poivrez. Réservez dans une boîte.

10. Préparez la piccata au citron. Versez un peu de farine dans une assiette. Pressez le jus d'un citron. Essuyez avec du papier absorbant la tranche de veau. Passez-la rapidement dans l'assiette contenant de la farine. Versez 1 filet d'huile d'olive dans une poêle et faites-la cuire quelques minutes de chaque côté puis déglacez avec le jus de citron. Versez le tout dans une boîte.

11. Préparez la vinaigrette au citron pour les salades. Pressez le jus du dernier citron et versez-le dans un pot de confiture. Ajoutez 3 cuil. à soupe d'huile d'olive, salez et poivrez. Mélangez et fermez le pot.

#Conseil nutrition
Très riche en protéines et en calcium, le **skyr** est aussi pauvre en matières grasses. Avec son effet rassasiant, c'est un super partenaire quand on souhaite perdre du poids !

12. Versez le skyr dans un pot de confiture. Épluchez l'orange et prélevez les filets. Déposez-les sur le skyr. Épluchez le kiwi et détaillez-le en petits cubes. Ajoutez-les à côté des morceaux d'orange. Fermez le pot.

Tout est prêt ! Laissez refroidir.

Placez au réfrigérateur :

* La salade verte (se conserve 4 à 5 jours)
* La bouteille contenant la soupe de lentilles (se conserve 3 jours)
* La salade de côtes de blettes (se conserve 3 jours)
* La cocotte d'artichauts (se conserve 4 jours)
* La boîte contenant le blé (se conserve 4 jours)
* Le bocal contenant le persil (se conserve 5 jours)
* La boîte contenant le riz (se conserve 4 jours)
* Les crevettes (se conservent 2 jours)
* La piccata de veau (se conserve 3 jours)
* Le pot contenant la vinaigrette (se conserve 6 jours)
* Le pot contenant le skyr (se conserve 1 jour)
* La boîte contenant les pommes au four (se conservent 4 jours)

Placez au congélateur :

* La spanakopita

Résultat Menu #2

Menu #2

#Conseil nutrition
Il est recommandé de consommer au moins une fois toutes les deux semaines des **légumineuses** (lentilles, haricots, pois chiches...). Elles sont riches en protéines végétales et sont donc des alliées pour les régimes végétariens.

Lundi

Soupe de lentilles du Puy aux feuilles de blettes

Temps de préparation :
1 min
Temps de réchauffage :
10 min

Les ingrédients : la soupe, 1 citron.
Versez la soupe dans une casserole et réchauffez-la à feu doux. Pressez le citron et versez le jus avant de déguster.

Mardi

Crevettes rouges à l'ail et piment d'Espelette, petit bol de riz brun aux dés de carotte et fenouil

Temps de cuisson :
10 min

Les ingrédients : le riz, les crevettes, la moitié du persil, huile d'olive.
Versez 1 cuil. à café d'huile d'olive dans une poêle et faites revenir le riz pendant 5 min. Déposez les crevettes sur le dessus, couvrez et laissez-les réchauffer quelques minutes. Saupoudrez de persil frais.

Mercredi

Salade de côtes de blettes et piccata de veau au citron

Temps de préparation :
3 min
Temps de cuisson :
10 min

Les ingrédients : la piccata, la moitié de la vinaigrette au citron, 1 cuil. à soupe de persil.
Préchauffez le four à 180 °C (th. 6). Versez la piccata avec son jus dans un plat. Couvrez de papier aluminium et enfournez pour 10 min. Mettez les côtes de blettes dans un saladier, versez la moitié de la vinaigrette au citron, ajoutez le persil et mélangez bien.

#Conseil nutrition
La **blette** : ce légume-feuille est aussi appelé « bette » ou « poirée », c'est un cousin de la betterave. Il fait partie des moins caloriques (à peine 12 kcal/100 g), il est riche en fibres (1,8 g/100 g), ce qui lui confère un pouvoir très rassasiant.

Jeudi

Cocotte d'artichauts barigoule et blé

Temps de réchauffage :
10 min

Les ingrédients : les artichauts, le blé.
Versez la sauce et les artichauts dans une casserole et faites-les réchauffer à feu doux. Réchauffez aussi le blé. Dégustez ensemble.

Sortez le feuilleté aux épinards du congélateur et placez-le au frais pour le lendemain.

Vendredi

Spanakopita et salade verte au citron et huile d'olive

Temps de préparation :
1 min
Temps de cuisson :
10/15 min

Les ingrédients : le feuilleté aux épinards, le reste de vinaigrette, la salade, le reste de persil.
Préchauffez le four à 180 °C (th. 6) et enfournez le feuilleté aux épinards pour 10/15 min. Versez le reste de vinaigrette dans un saladier et ajoutez la salade et le reste de persil. Mélangez et servez ensemble.

Encas

- Skyr aux lamelles d'orange et aux cubes de kiwi
- Pommes au four au sirop d'érable

Le skyr est à manger le lundi et les pommes au four se conservent jusqu'à jeudi.

#Conseil nutrition
Prenez votre temps ! Si votre repas est trop rapide, vous ne laissez pas le temps à votre cerveau de vous envoyer les signaux de satiété. Une étude américaine a prouvé que ceux qui mangent lentement consomment en moyenne 66 Kcal de moins que ceux qui mangent vite. Manger rapidement favoriserait donc la prise de poids sur le long terme.

#Conseil nutrition
Avec 32 % d'eau, la valeur énergétique du **sirop d'érable** est donc réduite de ⅓ de calories par rapport au sucre. Son IG (Index Glycémique) est également plus bas (55 contre 70 pour le sucre). Ce sirop naturel apporte des antioxydants : du manganèse (protection cellulaire) et des polyphénols (réduction du risque de diabète de type 2, d'obésité et de maladies cardio-vasculaires).

#Conseil nutrition

Pour perdre du poids, il est important de suivre aussi **l'équilibre alimentaire** sur les autres repas que ceux consommés dans ce programme de batch-cooking.

Continuez de manger des assiettes équilibrées, à votre faim et sans excès. Préférez toujours le fait-maison et, en cas de consommation d'un produit industriel, veillez à ce que ce dernier affiche une liste d'ingrédients la plus courte et la plus compréhensible possible.

Menu #3

Courses Menu #3

#Conseil nutrition
Le **poireau** est peu calorique, riche en fibres et en antioxydants, il est une source de vitamine C et de vitamine B9.

Légumes / Fruits

- 4 poireaux de taille moyenne
- 1 botte de cresson
- 2 oignons jaunes
- 3 gousses d'ail
- 200 g de pois gourmands
- 3 pommes de terre
- 1 fenouil
- 2 navets
- 4 carottes
- 1 betterave
- 1 botte de persil
- 1 botte de ciboulette
- 1 poignée de roquette
- 2 champignons de Paris
- 1 citron jaune

Placard de base

- 1 pot de tahin (pâte de sésame)
- Sirop d'érable
- Moutarde forte
- Noix muscade
- Vinaigre de cidre
- Huile d'olive
- Sel
- Poivre

#Conseil nutrition
Regardez toujours les listes d'ingrédients, certains industriels vous vendent des **pâtes au quinoa** qui sont en réalité des pâtes classiques (au blé) avec un très faible pourcentage de quinoa.

Viande

- 200 g de rôti de porc
- 150 g de bœuf (rumsteck, poire ou merlan) coupé en morceaux

Crémerie

- 1 faisselle
- 1 œuf extra-frais (pour mardi)
- 1 petit chèvre frais

Épicerie

- 250 g de flocons d'avoine
- 200 g de chocolat noir à 80 %
- 50 g de noisettes
- 60 g d'amandes
- 100 g de spaghettis ou de pâtes de quinoa

Boulangerie

- 1 petit pain complet (pour mardi)

#Conseil nutrition
Allez chez votre boulanger. Les procédés industriels tendent à raccourcir la pousse du pain. Les glucides agissent alors presque comme du sucre, avec une hausse de l'insuline trop forte à gérer pour notre organisme.
En boulangerie, le pain est réalisé avec du levain naturel, qui entraîne une fermentation lactique plus lente et plus digeste.

Lundi

Poireaux vinaigrette et brochette de bœuf, champignons de Paris au four

Mardi

Velouté de cresson, œuf coque et tartine de pain complet avec chèvre frais

Mercredi

Rôti de porc au four et pois gourmands à l'ail

#Conseil nutrition
Pour bien choisir vos **pois gourmands**, préférez les belles cosses bien plates où on peut aisément deviner les petits pois. Leur couleur doit être bien verte et vive. Préférez les petits calibres, plus les cosses sont grosses, plus les pois seront filandreux.

Jeudi

Bowl de navets, pomme de terre, fenouil et carottes à la vapeur sauce blanche au sésame

Vendredi

Spaghettis de quinoa, pesto de roquette

Encas

- Bocal de muesli maison
- Bâtonnets de légumes et sauce fromage blanc

#Conseil nutrition
Les **bâtonnets de légumes** sont de parfaits snacks à grignoter. Ils peuvent aussi très bien se grignoter lors d'un apéritif et remplacer les traditionnels chips et saucissons n'apportant que des graisses saturées.

Préparation Menu #3

Au préalable

1) Si vous avez suffisamment de place, sortez les ingrédients dont vous allez avoir besoin pendant la session de cuisine, tous sauf les pâtes de quinoa, le pain et l'œuf.

2) Sortez les ustensiles nécessaires :

- 1 cuit-vapeur
- 1 mixeur
- 1 essoreuse à salade
- 1 grand plat à four
- 1 plaque de four
- 4 bols
- 1 saladier
- 1 économe
- 1 râpe
- 1 pique à brochette en bois
- 1 bouteille en verre
- 3 bocaux en verre à fermeture hermétique
- 3 pots en verre (type pots à confiture, pour les sauces)
- 9 boîtes ou récipients hermétiques
- Essuie-tout, papier sulfurisé

C'est parti pour 2 h en cuisine !

1. Commencez par préparer les légumes.

Coupez le vert des poireaux, faites 2 entailles dans les blancs et lavez-les bien sous l'eau froide. Tranchez les queues du cresson et lavez-le dans un saladier puis essorez-le. Épluchez et ciselez les oignons et l'ail. Équeutez les pois gourmands, enlevez le fil qui est indigeste en tirant dessus et lavez-les sous l'eau claire. Épluchez les pommes de terre, lavez-les et essuyez-les. Coupez-les en petits cubes. Épluchez le fenouil et lavez-le. Coupez

#Conseil nutrition

L'ail est connu pour booster notre système immunitaire, n'hésitez pas à en ajouter à vos plats. Si vous avez peur de la mauvaise haleine, ajoutez un peu de jus de citron à votre préparation, ce dernier permet de neutraliser les mauvaises odeurs liées à l'ail.

les tiges et détaillez-les en rondelles fines ainsi que le foin. Coupez le fenouil en lanières et mettez-le dans une boîte. Épluchez les navets et coupez-les en quatre. Épluchez les carottes, coupez-en 2 en rondelles, détaillez-en 1 en fines lamelles avec un économe, et coupez la dernière en bâtonnets. Placez les batonnets dans une boîte. Épluchez la betterave et détaillez-la en fils comme la carotte. Mettez les fils de carotte et de betterave dans une petite boîte. Lavez le persil et la ciboulette, ciselez-les finement et placez-les dans 2 bocaux séparés. Lavez et essorez la roquette. Placez-la dans une boîte. Épluchez les champignons de Paris, coupez les queues et tranchez-les en deux. Faites tremper la pique en bois dans de l'eau froide.

2. Préparez le rôti de porc. Préchauffez le four à 180 °C (th. 6). Chemisez une plaque à four de papier sulfurisé. Déposez au centre le rôti de porc. Ajoutez environ 1 oignon sur le dessus, 1 cuil. à café d'huile d'olive, salez et poivrez. Enfournez pour 10 min. Mettez les pois gourmands dans un bol, versez 1 cuil. à café d'huile d'olive, ajoutez 1 gousse d'ail émincée et mélangez bien. Déposez-les tout autour du rôti et laissez encore cuire 10 min. Réservez dans une boîte.

3. Préparez la brochette de bœuf. Piquez les morceaux de bœuf sur la brochette en les intercalant avec les champignons de Paris. Badigeonnez légèrement d'huile d'olive les champignons, salez, et poivrez. Déposez la brochette sur un côté de la plaque où se trouve le rôti de porc et laissez cuire 8/10 min. Réservez dans une boîte.

Préparation Menu #3

4. Préparez le mueli. Versez les flocons d'avoine dans un grand saladier. Concassez le chocolat noir en petits morceaux. Écrasez grossièrement les noisettes et 50 g d'amandes. Mélangez le tout avec les flocons d'avoine. Dans un petit bol, versez 2 cuil. à soupe d'huile d'olive et 4 cuil. à soupe de sirop d'érable. Versez sur la préparation et mélangez bien. Chemisez un grand plat à four de papier sulfurisé et versez la préparation dedans. Étalez-la. Baissez la température du four à 160 °C (th. 5-6) et enfournez pour 20 min à la suite de la viande. Mélangez à mi-cuisson. Sortez du four, laissez refroidir et conservez dans un bocal hermétique.

5. Faites cuire les blancs de poireaux à la vapeur pendant 15/20 min. Laissez refroidir et conservez dans une boîte.

6. Préparez le velouté de cresson. Versez 1 cuil. à café d'huile d'olive dans une casserole, faites revenir 1 oignon pendant 2 min puis ajoutez 1 gousse d'ail, les cubes de l'équivalent d'une pomme de terre et le cresson. Salez et poivrez. Ajoutez 1 pincée de noix muscade et couvrez d'eau. Laissez mijoter 15/18 min. Ajoutez 2 cuil. à soupe de persil frais, mixez et versez dans une bouteille.

7. Faites les légumes pour le bowl. Mettez dans le panier vapeur le reste des oignons et des cubes de pommes de terre, les rondelles de l'équivalent de 2 carottes, les rondelles de fenouil, les navets et faites cuire pendant 15/20 min. Conservez dans une boîte.

8. Pour la sauce blanche au sésame. Pressez le citron. Versez 15 cl de jus dans la cuve d'un mixeur, ajoutez l'ail, 80 g de tahin, 60 ml d'eau et 1 pincée de sel. Mixez et versez dans un pot.

9. Préparez la sauce fromage blanc. Versez le reste du jus de citron dans un bol, ajoutez 1 cuil. à café de moutarde forte, la faisselle et 4 cuil. à soupe de ciboulette. Salez et poivrez. Mélangez et versez dans un pot.

10. Préparez le pesto de roquette. Mettez la roquette dans la cuve du mixeur, ajoutez le reste des amandes et versez 1 bon filet d'huile d'olive. Mixez, rajoutez de l'huile d'olive jusqu'à ce que la préparation soit souple. Versez dans une boîte.

11. Préparez la vinaigrette. Mettez 1 cuil. à café de moutarde forte dans un bol, ajoutez 1 cuil. à soupe de vinaigre de cidre et 3 cuil. à soupe d'huile d'olive. Salez, poivrez et émulsionnez. Ajoutez 2 cuil. à soupe de persil. Versez dans un pot.

12. Mettez le reste des herbes dans des bocaux.

Tout est prêt ! Laissez refroidir.

Placez au réfrigérateur :

* Le fenouil cru (se conserve 2 à 3 jours)
* Les bâtonnets de carottes pour les encas (se conservent 2 à 3 jours)
* Le rôti de porc et les pois gourmands (se conservent 3 jours)
* La brochette de bœuf (se conserve 3 jours)
* Les blancs de poireaux (se conservent 2 jours)
* La bouteille en verre avec le velouté (se conserve 2 à 3 jours)
* Les herbes fraîches (se conservent 4 à 5 jours)
* Le pot de sauce blanche au sésame (se conserve 4 jours)
* Le pot de sauce fromage blanc (se conserve 3 jours)
* Le pot de vinaigrette (se conserve 6 jours)

Placez au congélateur :

* La boîte contenant les légumes pour le bowl
* La boîte contenant les fils de légumes
* Le pesto de roquette

Laissez dehors :

* Le bocal de muesli

Résultat Menu #3

À faire chaque soir Menu #3

Lundi

Poireaux vinaigrette et brochette de bœuf, champignons de Paris au four

Temps de cuisson : 10 min

Ingrédients : les blancs de poireaux, la brochette de bœuf, la vinaigrette.

Préchauffez le four à 180 °C (th. 6). Emballez la brochette dans du papier aluminium et enfournez pour 10 min. Mettez les poireaux dans une assiette et versez la vinaigrette.

#Conseil nutrition

Votre repas complet doit contenir l'équivalent de 1 cuil. à soupe **d'huile**.

Lorsque vous assaisonnez avec une vinaigrette, regardez toujours les autres sources de matières grasses utilisées sur vos autres plats. Ici, les brochettes de bœuf sont huilées, ajoutez donc une seule cuillère à café de vinaigrette.

Mardi

Velouté de cresson, œuf coque et tartine de pain complet avec chèvre frais

Temps de cuisson : 3 min

Temps de réchauffage : 10 min

Ingrédients : le velouté de cresson, 1 œuf extra-frais, le petit pain complet, le chèvre frais, un peu de ciboulette.

Versez le velouté de cresson et réchauffez à feu doux pendant 10 min. Faites bouillir de l'eau et faites cuire l'œuf pendant 3 min. Coupez le petit pain complet en deux et tartinez une moitié de chèvre frais. Saupoudrez de ciboulette.

#Conseil nutrition

Préférez le **pain complet** biologique, il contient 2 à 3 fois plus de vitamines, de minéraux et d'oligoéléments que le pain blanc.

Mercredi

Rôti de porc au four et pois gourmands à l'ail

Temps de cuisson : 15 min

Ingrédients : le rôti et les pois gourmands, du persil.

Préchauffez le four 180 °C (th. 6). Mettez le rôti de porc et les pois gourmands dans un plat, couvrez et enfournez pour 15 min. Parsemez de persil.

Sortez les légumes pour le bowl du congélateur et placez-les au frais pour le lendemain.

Jeudi

Bowl de navets, pomme de terre, fenouil et carottes à la vapeur, sauce blanche au sésame

Temps de réchauffage :
10 min

Ingrédients : les légumes pour le bowl, la sauce blanche au sésame, le reste de ciboulette et de persil.
Réchauffez les légumes à la vapeur pendant 10 min. Versez la sauce dans un grand bol, parsemez de ciboulette et de persil frais. Dégustez avec les légumes.

Sortez les fils de légumes et le pesto du congélateur et placez-les au frais afin qu'ils décongèlent pour le lendemain.

Vendredi

Spaghettis de quinoa, pesto de roquette

Temps de cuisson :
10 min environ
Temps de préparation :
2 min

Ingrédients : les pâtes de quinoa, le pesto, les fils de légumes.
Faites cuire les spaghettis de quinoa selon les indications du paquet. Délayez le pesto avec 1 cuil. à soupe d'eau de cuisson. Mettez les fils de légumes dans un saladier, ajoutez les spaghettis brûlants, mélangez et incorporez le pesto. Mélangez encore.

#Conseil nutrition
On trouve aussi des « **pâtes au quinoa sans gluten** », où le blé est remplacé par de la farine de maïs, ce n'est nutritionnellement pas intéressant d'ajouter dans son alimentation des oméga-6 que nous avons déjà en excès.

Encas

- Bocal de muesli maison
- Bâtonnets de légumes et sauce fromage blanc

Dégustez les crudités lundi ou mardi en les trempant dans la sauce aux herbes.
Vous pouvez manger du muesli tout le reste de la semaine (30 g par jour environ).

#Conseil nutrition
Le **muesli** est un encas parfait en cas de grande faim ou même pour votre petit déjeuner. Ses flocons d'avoine sauront vous rassasier jusqu'au repas suivant.
Vous pouvez le consommer tel quel, avec un peu de lait de vache ou une boisson végétal (enrichi en calcium et non sucré), ou même avec une compote.

#Conseil nutrition

Il est important d'avoir une belle part de **légumes** à chaque repas, vous faites ainsi le plein d'atouts nutritionnels.

- Ils sont peu caloriques.
- Ils vous apportent un nombre important et varié de vitamines et minéraux.
- Ils possèdent des antioxydants, connus pour lutter contre le vieillissement cellulaire et ainsi prévenir l'apparition de maladies.
- Ils sont riches en fibres, permettant de favoriser la satiété et de réguler le transit intestinal.
- Ils contribuent à l'hydratation de notre organisme.

Menu #4

Courses Menu #4

Légumes / Fruits

- ✱ 1 orange
- ✱ 1 pamplemousse
- ✱ 125 g de pousses d'épinards
- ✱ 1 botte d'ail des ours
- ✱ 3 pommes de terre
- ✱ 1 carotte
- ✱ 1 navet
- ✱ 1 botte d'oseille
- ✱ 1 gousse d'ail
- ✱ 1 oignon
- ✱ 1 botte de coriandre
- ✱ ½ botte de ciboulette
- ✱ 1 botte de radis
- ✱ 4 cœurs d'artichauts (en boîte ou surgelés)
- ✱ 1 poignée de petits pois
- ✱ ½ avocat
- ✱ 2 citrons jaunes
- ✱ 1 citron vert

Viande / Poisson

- ✱ 1 coquelet de 150 g
- ✱ 1 dos de saumon
- ✱ 1 filet de colin

Crémerie

- ✱ 1 chèvre frais
- ✱ 1 pot de *cottage cheese*

Épicerie

- ✱ 15 g de pistaches non salées
- ✱ 50 g de crozets

Placard de base

- ✱ Huile d'olive
- ✱ Thym
- ✱ Fleur d'oranger
- ✱ Miel de fleur liquide
- ✱ Sel
- ✱ Poivre

Boulangerie

- ✱ 1 petit pain aux graines (complet, seigle… pour jeudi)

Lundi

Salade de saumon cuit en papillote

Mardi

Coquelet grillé au thym et cœurs d'artichauts vapeur

Mercredi

Jardinière de légumes de printemps à la vapeur, poisson blanc et ail des ours

Jeudi

Soupe à l'oseille garnie de fines herbes et pain grillé au *cottage cheese* poivré

Vendredi

Crozets de Savoie au sarrasin, petits pois et pesto à l'ail des ours

Encas

- Citronnade au miel et fleur d'oranger
- Dips de radis, fromage frais aux herbes

#Conseil nutrition
Le menu de cette semaine comporte déjà deux **poissons**, dont un gras (le saumon), les recommandations sont donc atteintes. N'en ajoutez pas à vos autres repas de la semaine, rappelez-vous que la consommation doit être raisonnée pour des raisons de contamination aux métaux lourds.

Préparation Menu #4

Au préalable

1) Si vous avez suffisamment de place, sortez les ingrédients dont vous allez avoir besoin pendant la session de cuisine (tous sauf les crozets, le *cottage cheese* et le pain aux graines).
2) Sortez les ustensiles nécessaires :

- 1 cuit-vapeur
- 1 mixeur
- 1 essoreuse à salade
- 1 plat à four
- 1 casserole
- 1 poêle
- 2 bols
- 1 économe
- 1 bouteille en verre
- 11 boîtes ou récipients hermétiques
- 1 bocal
- Essuie-tout, papier sulfurisé

C'est parti pour 2 h en cuisine !

1. Commencez par préparer tous les fruits. Tranchez la peau de l'orange et du pamplemousse et prélevez les suprêmes. Faites-le au-dessus d'un bol afin de garder un maximum de jus. Placez les suprêmes dans le bol et réservez. Pressez le citron vert et versez le jus sur les fruits.

2. Préparez les légumes. Lavez les pousses d'épinards et essorez-les. Placez-les dans une boîte. Lavez l'ail des ours sous l'eau claire, séchez les feuilles et ciselez-les. Gardez 1 cuil. à soupe dans un bocal pour la jardinière. Épluchez les pommes de terre, lavez-les et coupez-les en petits cubes. Épluchez la carotte et le navet et coupez-les en petits morceaux. Tranchez les tiges de l'oseille et lavez les feuilles sous l'eau claire puis hachez-les

grossièrement. Épluchez et ciselez l'ail et l'oignon. Lavez la coriandre et la ciboulette sous l'eau claire et séchez-les avec du papier absorbant. Coupez les fanes de radis et lavez les plus belles sous l'eau puis essorez-les. Préparez les radis, lavez-les et conservez-les dans une boîte.

3. Préparez le coquelet. Préchauffez le four à 180 °C (th. 6). Déposez-le dans un plat à four. Versez 1 cuil. à café d'huile d'olive et parsemez de thym. Salez et poivrez légèrement. Enfournez pour 30/35 min. À la fin de la cuisson, placez dans une boîte.

4. Enchaînez avec la cuisson du dos de saumon. Préparez une feuille de papier sulfurisé et déposez le saumon au centre. Refermez bien et enfournez à côté du coquelet pour 12/15 min. Placez le saumon et le coquelet chacun dans une boîte.

5. Préparez la soupe à l'oseille. Versez 1 cuil. à café d'huile d'olive dans une casserole et faites revenir l'oignon pendant 3 min, ajoutez l'ail, l'équivalent d'une pomme de terre en cubes et les feuilles d'oseille. Mélangez, laissez cuire 2 à 3 min, salez, poivrez et couvrez d'eau. Faites cuire pendant 20/25 min. Mixez et versez dans une boîte.

6. Préparez la jardinière de légumes. Mettez dans le panier vapeur les feuilles de radis, les cubes de pommes de terre restants, la carotte et le navet et faites cuire 15 min. Déposez le filet de colin et laissez encore cuire 8 min. Réservez le tout dans une boîte.

#Conseil nutrition
Avec environ 45 calories pour 100 g de fond **d'artichaut**, ce légume est peu calorique. Soyez vigilant, car il est souvent dégusté avec de la vinaigrette qui peut augmenter sa valeur énergétique. Servez-vous toujours d'une cuil. à café pour doser votre apport en matières grasses.

7. Faites cuire ensuite les artichauts à la vapeur pendant 10 min. Placez-les dans une boîte.

#Conseil nutrition
Mémo pour connaître la valeur calorique d'un **fromage** : plus votre fromage est dur, plus il est calorique (car il contient moins d'eau). Par exemple, un camembert sera moins gras que de l'emmental, et du parmesan sera plus calorique qu'une tomme de Savoie, à quantité égale bien sûr !

8. Préparez le dips de radis. Mettez le chèvre frais dans un bol, poivrez bien, ajoutez 1 cuil. à café d'huile d'olive, 1 cuil. à soupe de ciboulette et 1 cuil. à soupe de coriandre. Mélangez bien et réservez dans une petite boîte.

9. Préparez le pesto à l'ail des ours. Faites griller à sec les pistaches dans une poêle pendant 2/3 min. Mettez-les dans la cuve du mixeur, ajoutez les feuilles d'ail des ours et salez. Mixez et versez de l'huile d'olive au fur et à mesure jusqu'à la formation d'une pâte mi-épaisse. Versez dans une petite boîte.

10. Faites blanchir les petits pois 2 min dans l'eau salée, égouttez-les et réservez dans une boîte.

Tout est prêt ! Laissez refroidir.

Placez au réfrigérateur :

* Les pousses d'épinards (se conservent 4 jours)
* L'ail des ours (se conserve 4 jours)
* Les radis (se conservent 3 jours)
* Le coquelet (se conserve 2 jours)
* La papillotte de saumon (se conserve 2 jours)
* La jardinière (se conserve 3 jours)
* Les artichauts (se conserve 2 jours)
* La boîte contenant le dip (se conserve 3 jours)
* Le pesto (se conserve 5 à 6 jours)
* La boîte contenant les agrumes à l'avocat (se conservent 1 jour)
* La bouteille de citronnade (se conserve 4 jours)
* Les boîtes et bocaux d'herbes fraîches (se conservent 5 jours)

Placez au congélateur :

* La soupe à l'oseille
* Les petits pois

11. Versez les agrumes et le jus dans une boîte. Épluchez l'avocat et coupez-le en morceaux. Ajoutez-les dans la boîte, versez 1 cuil. à café d'huile d'olive et mélangez bien. Fermez la boîte.

12. Pressez les citrons jaunes, versez le jus dans une bouteille. Ajoutez 1 cuil. à soupe d'eau de fleur d'oranger et 1 cuil. à café de miel liquide. Fermez la bouteille et mélangez bien. Remplissez d'eau froide, secouez bien. Conservez au frais.

13. Mettez les herbes restantes dans des boîtes et conservez au frais.

#Conseil nutrition

L'avocat est un fruit riche en bonnes graisses insaturées. Il est source d'oméga-9, des lipides qui ont un rôle dans la prévention des maladies cardiovasculaires en baissant le LDL-Cholestérol (le La moitié d'un avocat contient environ 170 calories, veillez donc toujours à la quantité consommée.
Préférez les avocats européens (Espagne, Grèce) à ceux du Mexique touchés par l'emploi de pesticides.

#Conseil nutrition

Le **miel** contient environ 75 % de sucre Il contient quelques oligoéléments et des vitamines, mais cela reste très négligeable au vu de la portion consommée. Le miel reste donc un produit sucré, à consommer avec modération.

Résultat Menu #4

Lundi

Salade de saumon cuit en papillote

Temps de préparation :
5 min

Ingrédients : les pousses d'épinards, les agrumes à l'avocat, la papillote de saumon, 1 cuil. à soupe de coriandre.
Déposez les épinards dans le fond d'un bol, ajoutez les agrumes avec l'avocat et le jus. Ouvrez la papillote de saumon et détaillez-le en morceaux. Ajoutez-les dans le bol. Parsemez coriandre. Salez et poivrez. Mélangez délicatement, goûtez et ajustez l'assaisonnement.

Mardi

Coquelet grillé au thym et cœurs d'artichauts vapeur

Temps de cuisson :
15 min

Ingrédients : le coquelet, les artichauts, de la ciboulette.
Préchauffez le four à 180 °C (th. 6). Déposez le coquelet dans un plat à four, ajoutez les artichauts et enfournez pour 15 min. À la sortie du four, versez 1 cuil. à café d'huile d'olive sur les artichauts et parsemez de ciboulette. Salez et poivrez.

Mercredi

Jardinière de légumes de printemps à la vapeur, poisson blanc et ail des ours

Temps de réchauffage :
8 min

Ingrédients : la jardinière de légumes, le poisson blanc, l'ail des ours.
Faites réchauffer les légumes et le poisson à la vapeur pendant 8 min. Versez dans une assiette, parsemez d'ail des ours, ajoutez 1 cuil. à soupe d'huile d'olive. Salez et poivrez.

Sortez la soupe du congélateur et placez-la au frais jusqu'au lendemain afin qu'elle décongèle.

Jeudi

Soupe à l'oseille garnie de fines herbes et pain grillé au *cottage cheese* poivré

#Conseil nutrition
Si vous ne connaissez pas le ***cottage cheese***, vous avez tout intérêt à le découvrir ! Ses principaux atouts sont sa richesse en protéines, en calcium, et le fait qu'il soit pauvre en graisse. N'oubliez pas qu'il contient du sel, il est donc déconseillé d'en ajouter.

Temps de réchauffage :
10 min

Ingrédients : la soupe, le pain aux graines, le *cottage cheese*, un peu de cibpoulette et de coriandre.
Versez la soupe dans une casserole et faites réchauffer à feu doux. Coupez le pain en deux et passez-le au grille-pain. Étalez du *cottage cheese*, poivrez bien et ajoutez de la ciboulette. Versez la soupe dans un bol et ajoutez un peu de ciboulette et de coriandre.

Sortez les petits pois du congélateur et placez-les au frais afin qu'ils décongèlent pour le lendemain.

Vendredi

Crozets de Savoie au sarrasin, petits pois et pesto à l'ail des ours

#Conseil nutrition
Le **pesto** est à base d'huile donc forcément calorique. Quand vous dégustez votre repas, servez-vous l'équivalent de 2 à 3 cuil. à soupe de pesto maximum.

Temps de cuisson :
10 min

Ingrédients : les crozets, les petits pois, le pesto d'ail des ours.
Faites cuire les crozets selon les indications sur le paquet. Mettez les petits pois dans un saladier. Égouttez les crozets et mettez-les sur les petits pois. Mélangez pour les réchauffer, versez le pesto d'ail des ours. Mélangez encore.

Encas

- **Dips de radis, fromage frais aux herbes**
- **Citronnade au miel et fleur d'oranger**

Manger les dips de radis l'un des 3 premiers jours. Vous pouvez consommer la citronnade le reste de la semaine

Été

#Conseil nutrition

Il n'est pas évident de se débarrasser de ses **habitudes sucrées**. Commencez par vider vos placards, personne dans votre famille, et surtout pas vos enfants, n'ont besoin de ces gâteaux réalisés à partir de sirop de glucose-fructose (sucre industriel) ou d'autres ingrédients douteux.

Une deuxième phase consiste à se déshabituer progressivement de la saveur sucrée. Diminuez le sucre dans votre café, faites des gâteaux maison en maîtrisant la teneur en sucre, préférez les yaourts nature aux yaourts aromatisés, choisissez des compotes sans sucre ajouté… Lorsqu'une envie de sucre se fait sentir, la pomme est une bonne alliée pour maîtriser de manière plus saine une envie de gourmandise.

Menu #1

Courses Menu #1

Légumes / Fruits

- 7 petites courgettes
- 1 grosse tomate cœur-de-bœuf
- 2 belles tomates
- 3 tomates bien mûres
- 2 petits concombres
- 1 petit poivron rouge
- 2 oignons rouges
- 1 oignon nouveau
- 1 petite gousse d'ail
- 125 g de pousses de salade
- 1 petit bouquet de basilic
- 4 brins de thym frais
- 1 petit morceau de gingembre frais
- 3 citrons jaunes
- 1 citron vert
- 4 fleurs de thym
- 40 g de pruneaux

Placard de base

- Huile d'olive
- Origan
- Vinaigre de xérès
- Piment d'Espelette
- Huile d'olive fruitée
- Sel
- Poivre

Viande / Poisson

- 1 blanc de poulet fermier
- 5 crevettes

Boulangerie

- Tranches de pain complet (mardi et vendredi)

Épicerie

- 30 g de blé complet
- 30 g de riz complet
- 5 olives noires
- 30 g de noix de cajou
- 10 g de graines de sésame
- 10 g de riz ou blé complet soufflé

Crémerie

- 30 g de feta
- 1 petit chèvre frais

#Conseil nutrition

Pour bien choisir vos **olives noires**, elles doivent être flétries : méfiez-vous des olives bien lisses et sans noyau, les industriels les plongent dans du gluconate ferreux ou du lactate ferreux pour accélérer le processus et leur donner une belle couleur noire, très loin du naturel. Une olive verte a moins de saveur, mais elle est également moins calorique.

Lundi

Blanc de poulet mariné au citron et thym grillé avec courgettes vapeur

Mardi

Salade crétoise
et morceaux de pain grillé

Mercredi

Gratin de courgettes à l'origan et crevettes au piment d'Espelette

Jeudi

Tomate farcie au riz complet, oignon rouge et origan, pousses de salade

Vendredi

Gaspacho de tomates et tartine de pain complet au chèvre frais et basilic

Encas

- *Energy balls*
- Tisane glacée à la fleur de thym et citron

Préparation Menu #1

Au préalable

1) Si vous avez suffisamment de place, sortez les ingrédients dont vous allez avoir besoin pendant la session de cuisine (tous sauf le pain et le chèvre frais).

2) Sortez les ustensiles nécessaires :

* 1 cuit-vapeur
* 1 blender
* 1 mixeur
* 1 essoreuse à salade
* 1 casserole
* 1 poêle
* 1 plat à four
* 1 passoire
* 2 bols
* 2 bouteilles en verre
* 6 boîtes ou récipients hermétiques
* 1 bocal
* Essuie-tout, film alimentaire

C'est parti pour 2 h en cuisine !

1. Commencez par préparer tous les légumes.
Lavez les courgettes, coupez les extrémités et détaillez-les en rondelles. Lavez les tomates. Évidez la tomate cœur-de-bœuf et réservez l'intérieur dans un bol. Réservez la tomate entière sur une petite assiette. Coupez les 2 tomates en quartiers. Passez les 3 tomates mûres sous l'eau chaude, pelez-les et mettez-les dans le blender. Lavez les petits concombres et coupez-en 1 en rondelles,

#Conseil nutrition
Toutes les **cœurs-de-bœuf** ne se valent pas, on trouve aujourd'hui une majorité d'hybrides sans la fabuleuse saveur de cette tomate.
Pour bien la choisir, la cœur-de-bœuf est en forme de cœur. Les hybrides ont une forme de bourse, avec la base plus large que leur sommet, elles ont de gros plis qui leur donnent un aspect rustique, mais en réalité trompeur.

mettez-les directement dans le blender. Coupez l'autre en cubes. Lavez le poivron rouge, coupez-le en deux, enlevez les graines et détaillez-le en lanières. Mettez-le dans le blender. Épluchez les oignons rouges et coupez-les en rondelles fines. Épluchez l'oignon nouveau et coupez-le en quatre. Pelez et coupez l'ail en quatre puis ajoutez-le dans le blender. Lavez les pousses de salade, essorez-les, mettez-les dans une boîte. Lavez et séchez le basilic. Ciselez-le. Ciselez les brins de thym rincés. Épluchez le gingembre et râpez-le. Pressez le citron jaune.

2. Préparez la marinade du filet de poulet. Détaillez le poulet en lamelles et mettez-les dans une boîte. Pressez le citron vert dessus, ajoutez 1 cuil. à soupe d'huile d'olive, 1 cuil à soupe de thym, la moitié des rondelles d'oignons rouges, salez et poivrez. Mélangez bien, fermez la boîte.

3. Préparez le gratin de courgettes. Faites cuire le blé complet selon les indications du paquet en stoppant la cuisson 5 min avant la fin. Égouttez. Préchauffez le four à 180 °C (th. 6). Parsemez le fond du plat à four de blé précuit. Coupez en quatre les rondelles de l'équivalent de 3 courgettes. Déposez-les sur le blé, ajoutez 1 cuil. à café d'huile d'olive, 4 cuil. à soupe d'eau, 1 cuil. à soupe d'origan, salez et poivrez. Enfournez pour 15 min puis mélangez la préparation. Laissez cuire encore 15 min en vérifiant et en ajoutant de l'eau si nécessaire. Il faut que la texture soit moelleuse et le blé fondant. Filmez après refroidissement.

4. Profitez que le four soit en route pour préparer la tomate farcie. Prenez le bol avec l'intérieur de la tomate. Écrasez la pulpe à la fourchette et ajoutez le riz complet, 1 cuil. à café d'origan, d'½ oignon rouge et 1 cuil. à café d'huile

Préparation Menu #1

d'olive. Salez, poivrez et mélangez bien. Déposez la tomate cœur-de-bœuf évidée dans un plat à four et farcissez-la en tassant bien. Enfournez pour 25 min. Filmez le plat lorsqu'il a refroidi.

5. Mettez le reste des courgettes dans le cuit-vapeur et faites-les cuire 10 min. Réservez-les au frais dans une boîte.

6. Préparez le gaspacho. Dans le blender où il y a déjà les tomates pelées, le concombre en dés, les lanières de poivron et l'ail, ajoutez l'oignon nouveau, versez 1 cuil. à soupe de vinaigre de xérès, 2 cuil. à soupe d'huile d'olive, 1 pincée de sel, du poivre et 1 pincée de piment d'Espelette. Mixez, ajoutez un peu d'eau si la texture est trop dense. Goûtez et rectifiez l'assaisonnement. Filtrez avec une passoire et versez dans une bouteille.

7. Préparez la salade crétoise. Mettez les tomates en quartiers dans une boîte, ajoutez les cubes de concombre, les olives noires, le reste d'oignon rouge et le basilic. Coupez la feta en petits cubes et ajoutez-la. Poivrez et versez 1 cuil. à soupe d'huile d'olive. Mélangez et fermez la boîte.

8. Préparez les crevettes. Faites chauffer une poêle avec 1 cuil. à café d'huile d'olive et faites revenir les crevettes jusqu'à ce qu'elles soient bien roses. En fin de cuisson, saupoudrez de piment d'Espelette et mélangez bien. Placez dans une boîte.

#Conseil nutrition
La **crevette** a comme réputation d'être un crustacé riche en cholestérol, contenu plutôt dans sa tête que dans son corps. De plus, sa richesse en antioxydants et en oméga-3 en font un allié santé à consommer, même en cas d'hypercholestérolémie.

#Conseil nutrition

Pensez à faire mariner vos viandes ou poissons, cela permet d'attendrir les chairs et de les parfumer. Cependant, pendant votre perte de poids, évitez les marinades contenant trop d'huile pour éviter les surplus caloriques. Cette **marinade** réalisée à base de citron fonctionne à merveille.

Tout est prêt ! Laissez refroidir.

Placez au réfrigérateur :

* Les pousses de salade (se conservent 4 à 5 jours)
* La boîte contenant le poulet et sa marinade (se conserve 2 jours)
* Le gratin de courgettes (se conserve 3 jours)
* Le plat avec la tomate farcie (se conserve 4 jours)
* Les courgettes vapeur (se conservent 2 jours)
* La bouteille de gaspacho (se conserve 5 jours)
* La salade crétoise (se conserve 2 jours)
* Les crevettes (se conservent 3 jours)
* La bouteille de citronnade (se conserve 4 jours)
* La boîte contenant les energy balls (se conserve 4 jours)
* Le bocal de basilic (se conserve 5 jours)

9. Préparez la tisane glacée. Pressez le jus de 2 citrons et versez dans une grande bouteille. Ajoutez les fleurs de thym, remplissez d'eau filtrée et laissez infuser à froid le plus longtemps possible.

10. Préparez les *energy balls*. Mettez dans la cuve d'un mixeur les noix de cajou, les graines de sésame, les pruneaux et ½ cuil. à café de gingembre frais râpé. Mixez en pâte et versez dans un bol. Ajoutez 10 g de riz ou blé complet soufflé, mélangez et formez des boules. Placez dans une boîte.

11. Mettez le basilic restant dans un bocal.

#Conseil nutrition

Pour mieux gérer votre appétit, mangez dans des assiettes plus petites comme des assiettes à dessert ou des bols. Vos quantités sont plus petites, tout en étant visuellement satisfaisantes avec une assiette bien remplie.

Résultat Menu #1

 Menu #1

Lundi

Blanc de poulet mariné au citron et thym grillé avec courgettes vapeur

Temps de cuisson et réchauffage :
10 min

Ingrédients : le poulet mariné, les courgettes vapeur.
Faites chauffer une poêle et faites revenir le poulet pendant quelques minutes jusqu'à ce qu'il soit légèrement grillé. Ajoutez les courgettes, couvrez, baissez le feu et laissez-les réchauffer.

Mardi

Salade crétoise et morceaux de pain grillé

Temps de préparation :
3 min

Ingrédients : la salade crétoise, 1 tranche de pain comple.
Faites griller 1 tranche de pain complet au grille-pain et coupez-la en morceaux. Versez la salade dans un bol, ajoutez les morceaux de pain. Mélangez.

Mercredi

Gratin de courgettes à l'origan et crevettes au piment d'Espelette

Temps de réchauffage :
15 min

Ingrédients : le gratin de courgettes, les crevettes.
Préchauffez le four à 180 °C (th. 6). Épluchez les crevettes et déposez-les sur le gratin. Couvrez et faites réchauffer pendant 15 min.

Jeudi

Tomate farcie au riz complet, oignon rouge et origan, pousses de salade

Temps de cuisson et réchauffage :
15 min

Ingrédients : la tomate farcie, les pousses de salade, un peu de basilic frais.

Préchauffez le four à 180 °C (th. 6). Enfournez la tomate pour 15 min. Déposez-la dans une assiette, parsemez de pousses de salade, d'un peu de basilic frais ciselé et ajoutez 1 cuil. à café d'huile d'olive.

Vendredi

Gaspacho de tomates et tartine de pain complet au chèvre frais et basilic

Temps de préparation :
5 min

Ingrédients : le gaspacho, le chèvre frais, 1 tranche de pain complet, le reste du basilic.

Faites griller la tranche de pain complet. Versez le gaspacho dans un bol. Tartinez le chèvre frais sur le pain grillé et saupoudrez de basilic frais ciselé.

Encas

- ***Energy balls***
- **Tisane glacée à la fleur de thym et citron**

Dégustez 1 *energy ball* par jour en cas de fringale et buvez de la tisane à volonté.

#Conseil nutrition
Avec 45 mg de vitamine C dans 100 g de citron, cette **tisane glacée** vous donnera un coup de *boost*. Cette vitamine est importante pour nos organismes : défense contre les infections virales et bactériennes, protection de la paroi des vaisseaux sanguins, assimilation du fer, action antioxydante, détoxication de substances cancérigènes, cicatrisation…

#Conseil nutrition

En été, les étals regorgent de fruits frais et variés, ajoutez 2 à 3 portions de **fruits** par jour à vos menus.

- Les fruits sont la source parfaite de vitamines et minéraux.
- Ils apportent des fibres, alliées de poids pour la régulation de notre appétit, pour notre transit et la prévention de maladies (pathologies cardiovasculaires, diabète, hypercholestérolémie…).
- Ils participent à l'hydratation de notre organisme.

Menu #2

Courses Menu #2

Légumes / Fruits

- 2 petites courgettes
- 1 courgette moyenne
- 2 petites aubergines
- 2 pommes de terre
- 1 fenouil extra frais (fanes et tige)
- 2 belles tomates
- 2 tomates extra mûres
- 2 branches de tomates cerise
- 1 concombre
- 1 oignon
- 1,5 gousse d'ail
- 1 petit bouquet de persil
- 1 petit bouquet de basilic
- 1 petit melon des Charentes (ou ½ melon)
- 3 pêches blanches
- 1 barquette de myrtilles
- 3 citrons

Placard de base

- Herbes de Provence
- Huile d'olive
- Sel
- Poivre

Viande / Poisson

- 1 blanc de dinde
- 4 sardines fraîches et vidées

Crémerie

- 25 g de *cottage cheese*

Épicerie

- 2 pistils de safran
- 50 g de tahin
- 20 cl de jus d'amandes
- 3 cuil. à soupe de graines de chia
- 120 g de torsades complètes

Boulangerie

- 1 tranche de pain (pour vendredi)

#Conseil nutrition
Préférez toujours les **pâtes complètes** aux pâtes blanches. La différence nutritionnelle est très intéressante : plus de fibres, plus de vitamines, plus de minéraux, et cela pour la même valeur calorique.

Lundi

Sardines grillées, tomates cerise et cubes de courgettes au four

Mardi

Torsades complètes au coulis de tomates fraîches crues, dés croquants de fenouil et ail

Mercredi

Aubergine et pommes de terre vapeur, sauce tahin au persil

Jeudi

Tian et papillote de dinde

Vendredi

Velouté glacé de concombre et melon, tartine de *cottage cheese* au basilic

Encas

- Sorbet express pêches blanches, safran et pincée de sucre de bouleau
- Bol de chia au jus d'amandes et myrtilles

Préparation Menu #2

Au préalable

1) Si vous avez suffisamment de place, sortez les ingrédients dont vous allez avoir besoin pendant la session de cuisine (tous, sauf les torsades, le *cottage cheese*, le pain, le sucre de bouleau et 1 citron).

2) Sortez les ustensiles nécessaires :

* 1 cuit-vapeur
* 1 blender
* 1 mixeur
* 2 plats à four
* 1 chinois (passoire fine)
* 3 bols
* 1 mandoline (idéalement, sinon 1 couteau)
* 1 bouteille en verre
* 1 pot en verre
* 3 boîtes ou récipients hermétiques
* 2 bocaux
* Essuie-tout, papier sulfurisé, film alimentaire

C'est parti pour 2 h en cuisine !

1. Commencez par préparer les légumes. Lavez les courgettes, coupez les extrémités. Coupez-en 1 en fines rondelles, et les 2 autres en dés. Lavez les aubergines, ôtez le bout et coupez-en une en cubes et l'autre en rondelles. Épluchez les pommes de terre, lavez-les et coupez-les en petits cubes. Réservez dans un bol avec les cubes d'aubergine. Coupez les tiges et les fanes du fenouil. Lavez-les et hachez-les grossièrement. Épluchez ensuite le fenouil et hachez-le finement. Lavez les tomates, ôtez le pédoncule et coupez-en deux en rondelles fines. Passez les tomates mûres sous l'eau bouillante et pelez-les au-dessus d'un bol pour garder le jus. Mettez la chair dans le bol et écrasez avec une fourchette. Lavez les tomates cerise sans les ôter de la branche. Passez le concombre

sous l'eau. Coupez-le en deux dans la longueur et enlevez les pépins du centre avec une cuillère à café. Coupez-le en morceaux et mettez-les dans le blender. Épluchez et ciselez l'oignon en rondelles fines. Épluchez l'ail et ciselez-le finement. Lavez le persil et le basilic et séchez-les avec de l'essuie-tout.

2. Préparez les fruits. Ouvrez le melon en deux, retirez les pépins et prélevez la chair : mettez-la directement dans le blender avec le concombre. Passez les pêches sous l'eau chaude, épluchez-les et coupez-les en deux. Mettez-les dans une boîte et ajoutez les pistils de safran. Passez les myrtilles sous l'eau froide et séchez-les. Placez-les dans une boîte. Pressez 2 citrons et réservez le jus.

3. Préparez les sardines. Préchauffez le four à 180 °C (th. 6). Déposez-les dans un plat à four, ajoutez tout autour les cubes de courgettes et déposez les branches de tomates cerise. Versez 1 cuil. à soupe d'huile d'olive et saupoudrez de basilic frais. Salez et poivrez. Enfournez pour 15 min. Filmez le plat lorsqu'il est froid.

4. Montez le tian dans un plat à four en alternant rondelles d'aubergine (l'équivalent de 1), de tomates (2), d'oignon (1) et de courgette (1). Salez et poivrez, ajoutez 1 cuil. à café d'huile d'olive. Parsemez d'herbes de Provence. Enfournez pour 25/30 min. Filmez-le quand il aura un peu refroidi.

#Conseil nutrition

La **sardine** contient 10 à 12 % de lipides et des oméga-3 en abondance. Comme c'est un petit poisson, on considère qu'elle est préservée de la pollution des mers. On l'appelle « poisson non-bioaccumulateur » car elle a un cycle de vie court et qu'elle se trouve en début de chaîne alimentaire.

Préparation Menu #2

5. Préparez la papillote aux herbes pour parfumer l'escalope de dinde. Faites un lit de basilic et de persil sur une feuille de papier sulfurisé, salez et poivrez légèrement. Déposez l'escalope de dinde et recouvrez-la d'herbes. Fermez hermétiquement et enfournez pour 15 min en même temps que le tian. Placez dans une boîte.

6. Mettez le reste d'aubergine et les pommes de terre dans le cuit-vapeur et faites cuire pendant 15/20 min. Réservez dans une boîte.

7. Versez le bol de coulis de tomates crues dans une boîte, ajoutez le fenouil haché, la moitié de l'ail ciselé et 1 cuil. à café d'huile d'olive. Salez, poivrez, mélangez bien et fermez.

8. Préparez le velouté. Dans le bol du blender, ajoutez au concombre et au melon les fanes et tiges de fenouil, 2 cuil. à soupe de persil, le jus de 1 citron, un peu de sel et de poivre. Mixez bien et ajoutez un peu d'eau si nécessaire. Passez au chinois, versez dans une bouteille.

#Conseil nutrition
Choisissiez pour cette recette un petit **melon** ou bien alors ½ melon. Gardez en mémoire que les veloutés ou jus doivent être composés d'environ 70 % de légumes afin de ne pas faire trop monter votre glycémie.

#Conseil nutrition
Afin de réussir à se reconnecter avec ses **signaux de satiété et de rassasiement**, ne mangez pas devant votre ordinateur ou la télévision, car votre esprit serait focalisé ailleurs que dans votre assiette. Mettez-vous à table, au calme, soyez concentré sur votre et sur cet instant agréable en dégustant comme si vous étiez dans un restaurant gastronomique !

9. Préparez la sauce tahin. Versez dans le mixeur le tahin, 10 cl de jus de citron, un peu d'eau, 1 pincée de sel et le reste de l'ail. Mixez puis ajoutez 3 cuil. à soupe de persil. Versez un peu d'eau pour détendre si nécessaire. Mélangez et conservez dans un pot au frais.

10. Mettez les herbes restantes dans des bocaux.

11. Terminez en préparant le bol de chia. Versez le jus d'amandes dans un bol, ajoutez les graines de chia et mélangez bien. Filmez.

#Conseil nutrition
Le **jus d'amande,** autrefois appelé « lait d'amande », est une boisson végétale réalisée en trempant des amandes dans de l'eau. Les valeurs nutritionnelles se rapprochent donc plus d'une boisson et sont très différentes du lait de vache. Pour bien le choisir, soyez vigilant à la liste des ingrédients et veillez à le choisir sans sucre ajouté, et si possible enrichi en calcium.

Tout est prêt ! Laissez refroidir.

Placez au réfrigérateur :

* La boîte contenant les myrtilles (se conservent 2 à 3 jours)
* Le plat contenant les sardines aux petits légumes (se conservent 1 jour)
* Le plat contenant le tian (se conserve 4 jours)
* Les aubergine et pommes de terre vapeur (se conservent 3 jours)
* Le coulis de tomates avec le fenouil (se conserve 2 jours)
* Le pot de sauce tahin (se conserve 3 à 4 jours)
* Les bocaux d'herbes fraîches (se conservent 5 jours)
* L'encas aux graines de chia (se conserve 2 à 3 jours)

Placez au congélateur :

* La papillote de dinde
* Le velouté de concombre
* La boîte avec les pêches et le safran

#Conseil nutrition
Le **tahin** est une purée de sésame, on en trouve du blanc ou du complet. Connu pour son utilisation dans le houmous, le tahin peut être aussi une sauce. On l'aime pour son apport en acides gras insaturés, ses protéines végétales et son excellente source de vitamine E qui nous protège du vieillissement cellulaire et entre dans la prévention de cancers.

Résultat Menu #2

 Menu #2

Lundi

Sardines grillées, tomates cerise et cubes de courgettes au four

Temps de réchauffage :
15 min

Ingrédients : le plat avec les sardines aux petits légumes, 1 citron, un peu de basilic frais.

Préchauffez le four à 180 °C (th. 6). Couvrez le plat d'aluminium et enfournez pour 15 min. Coupez le citron en deux. À la sortie du four, pressez le citron sur la préparation et parsemez de basilic frais.

Mardi

Torsades complètes au coulis de tomates fraîches crues, dés croquants de fenouil et ail

Temps de cuisson :
10 min environ

Ingrédients : les torsades, le coulis de tomates, un peu de basilic frais (facultatif).

Faites cuire les torsades selon les indications du paquet. Égouttez et versez dans un plat. Ajoutez la préparation le coulis de tomates au fenouil puis mélangez bien. Ajoutez du basilic frais, selon votre goût.

#Conseil nutrition
L'important pour les **pâtes** est aussi de toujours préférer une cuisson *al dente*. Des pâtes trop cuites auront tendance à faire monter notre glycémie.

Mercredi

Aubergine et pommes de terre vapeur, sauce tahin au persil

Temps de réchauffage (facultatif) :
5 min

Ingrédients : les aubergines et pommes de terre vapeur, la sauce tahin.

Réchauffez ou non le mélange d'aubergines et de pommes de terre. Nappez de sauce tahin au persil.

Jeudi

Tian et papillotte de dinde

Temps de cuisson :
15 min

Ingrédients : le tian, la papillote de dinde.
Préchauffez le four à 180 °C (th. 6). Enfournez le tian pour 15 min. Ouvrez la papillote de dinde et enfournez-la également afin qu'elle grille.

Vendredi

Velouté glacé de concombre et melon, tartine de *cottage cheese* au basilic

Temps de préparation :
5 min

Ingrédients : le velouté de concombre, 1 tranche de pain, le *cottage cheese*, le reste d'herbes.
Faites griller la tranche de pain au grille-pain. Tartinez dessus le *cottage cheese* et saupoudrez de basilic frais. Ajoutez un peu de poivre. Versez le velouté dans un bol. Parsemez du reste d'herbes.

Encas

- Sorbet express pêches blanches, safran et pincée de sucre de bouleau
- Bol de chia au jus d'amandes et myrtilles

Dégustez l'encas aux graines de chia avec les myrtilles. L'encas sorbet se préparera à la minute, quand vous le voudrez. Versez alors le contenu du sachet dans un blender et mixez jusqu'à l'obtention de la consistance d'un sorbet. Ajoutez 1 pincée de sucre de bouleau (falcultatif) et dégustez immédiatement.

#Conseil nutrition
Le **sucre de bouleau** est une alternative au sucre de table. Il a presque le même pouvoir sucrant, tout en étant deux fois moins calorique.
Ce n'est pas un édulcorant, car il est naturel : il est obtenu à partir de l'écorce de l'arbre.
Il est à base de xylitol, un polyol qui a tendance à fermenter dans le côlon et à provoquer des troubles digestifs. Il ne faut donc pas en abuser, et si vous êtes sensible, vous pouvez tout à fait réaliser ce sorbet sans.

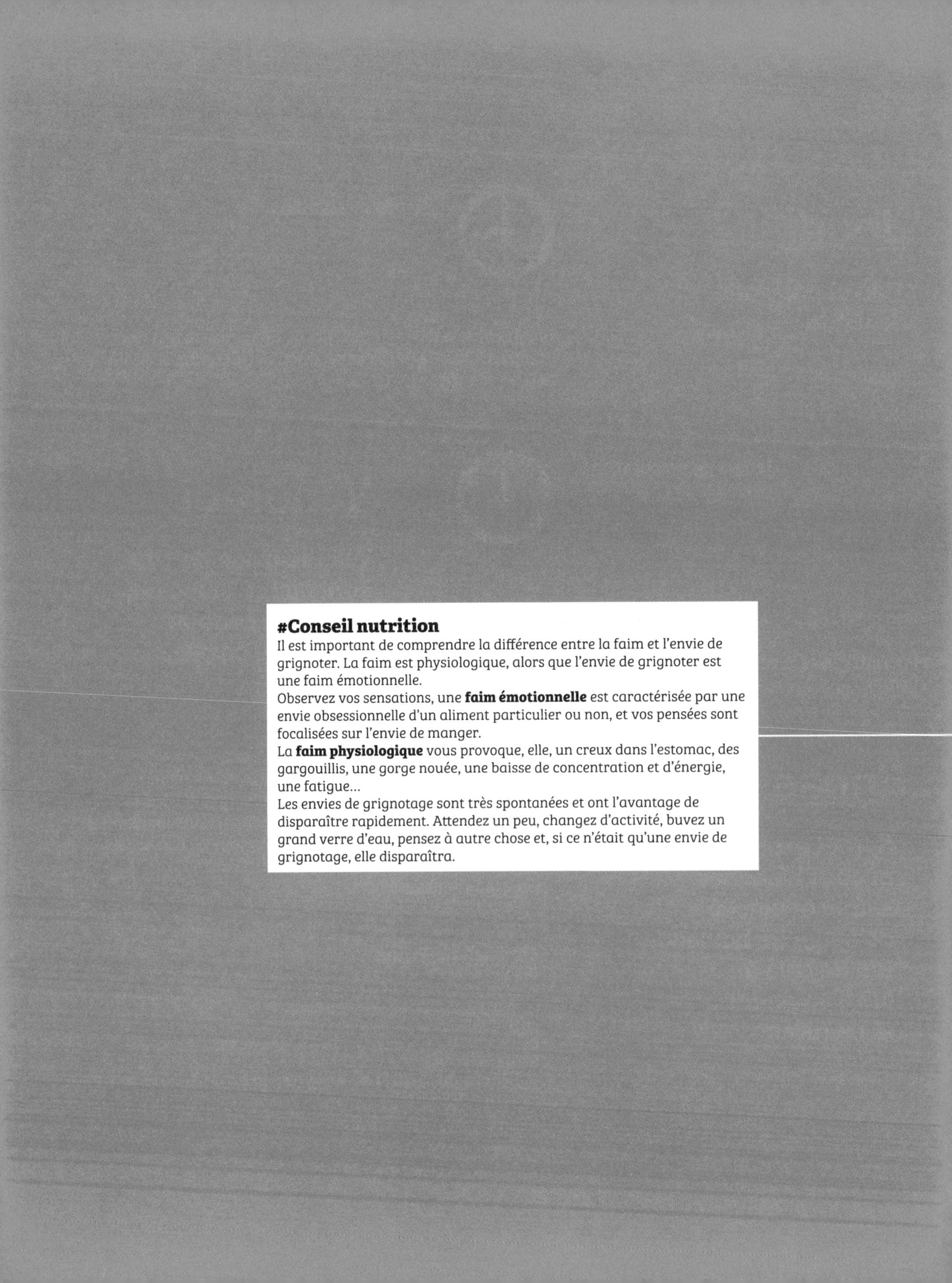

#Conseil nutrition

Il est important de comprendre la différence entre la faim et l'envie de grignoter. La faim est physiologique, alors que l'envie de grignoter est une faim émotionnelle.

Observez vos sensations, une **faim émotionnelle** est caractérisée par une envie obsessionnelle d'un aliment particulier ou non, et vos pensées sont focalisées sur l'envie de manger.

La **faim physiologique** vous provoque, elle, un creux dans l'estomac, des gargouillis, une gorge nouée, une baisse de concentration et d'énergie, une fatigue...

Les envies de grignotage sont très spontanées et ont l'avantage de disparaître rapidement. Attendez un peu, changez d'activité, buvez un grand verre d'eau, pensez à autre chose et, si ce n'était qu'une envie de grignotage, elle disparaîtra.

Menu #3

Courses Menu #3

Légumes / Fruits

- ✱ 2 courgettes
- ✱ 3 citrons
- ✱ 2 aubergines
- ✱ 1 poignée de pousses d'épinards
- ✱ 1 cœur de laitue
- ✱ 5 tomates
- ✱ 1 poivron rouge
- ✱ 1 oignon rouge
- ✱ 2 oignons
- ✱ 5 gousses d'ail
- ✱ 1 concombre
- ✱ ½ botte de ciboulette
- ✱ ½ botte de menthe
- ✱ ½ botte de basilic
- ✱ ½ botte de persil
- ✱ 125 g de framboises
- ✱ 1 melon
- ✱ 125 g de mûres

Placard de base

- ✱ Piment d'Espelette
- ✱ Huile d'olive
- ✱ Sel
- ✱ Poivre

Viande / Poisson

- ✱ 1 blanc de poulet fermier
- ✱ 120 g de cabillaud ou poisson blanc au choix
- ✱ 200 g de poulpe cuit (chez le poissonnier)

Crémerie

- ✱ 30 g de parmesan râpé
- ✱ 1 yaourt de brebis
- ✱ 1 yaourt
- ✱ 1 faisselle de brebis
- ✱ 40 g de feta
- ✱ 1 petit « carré frais » nature

Épicerie

- ✱ 60 g de riz complet
- ✱ 60 g de quinoa
- ✱ 1 pincée de sucre de coco

Boulangerie

- ✱ 2 pains suédois complets (pour mercredi)
- ✱ 1 tranche de pain complet (pour vendredi)

#Conseil nutrition
Le **poulpe** est un mollusque très riche en protéines, avec un apport en lipides. Il est une excellente source de cuivre, de sélénium et de vitamine B12.

Lundi

Salade de poulpe à l'huile d'olive et courgette râpée au jus de citron

Mardi

Légumes d'été grillés au four, quinoa, éclats de feta et basilic frais

Mercredi

Salade Cæsar au poulet vapeur et sauce yaourt aux herbes

Jeudi

Gratin d'aubergine à la parmesane et riz complet

Vendredi

Soupe glacée de concombre à la menthe et yaourt de brebis, rillettes de poisson blanc

Encas

- Faisselle de brebis, sucre de coco et framboises
- Salade de fruits : melon, mûre et jus de citron

Préparation Menu #3

Au préalable

1) Si vous avez suffisamment de place, sortez les ingrédients dont vous allez avoir besoin pendant la session de cuisine (tous sauf le pain et la feta).

2) Sortez les ustensiles nécessaires :

* 1 cuit-vapeur
* 1 mixeur
* 1 essoreuse à salade
* 2 plaques à four
* 1 petit plat à gratin
* 2 poêles
* 2 casseroles
* 1 passoire fine
* 1 saladier
* 3 bols
* 2 pots en verre
* 9 boîtes ou récipients hermétiques
* 4 bocaux
* Essuie-tout, papier sulfurisé, film alimentaire

C'est parti pour 2 h en cuisine !

1. Commencez par préparer les légumes. Lavez les courgettes, coupez les bouts. Râpez-en une et coupez l'autre en rondelles. Réservez la courgette râpée dans un bol. Pressez ½ citron et versez le jus sur la courgette râpée, mélangez pour éviter qu'elle ne s'oxyde et placez dans une boîte. Lavez les aubergines et coupez les pédoncules. Détaillez-en 1 en cubes et l'autre en tranches fines dans le sens de la longueur. Lavez les pousses d'épinards, égouttez-les et mettez-les dans une boîte. Épluchez le cœur de laitue, lavez-le, égouttez-le et réservez dans une boîte. Lavez les tomates. Coupez-en 1 en quatre et les autres en morceaux. Lavez le poivron rouge. Coupez-le en deux, ôtez les graines et coupez-le en lanières. Épluchez et ciselez finement l'oignon rouge. Épluchez les autres oignons. Coupez-en

1 en quatre, ciselez l'autre. Épluchez 3 gousses d'ail et ciselez-les finement. Lavez le concombre, tranchez-le dans le sens de la longueur ; enlevez les pépins avec une petite cuillère et coupez-le en morceaux. Lavez les demi-bottes de ciboulette, de menthe, de basilic et de persil. Séchez-les avec de l'essuie-tout et ciselez-les.

2. Préparez les légumes grillés. Préchauffez le four à 180 °C (th. 6). Garnissez de papier sulfurisé une plaque à four. Dans un saladier, mettez la tomate et l'oignon coupés en quatre, les cubes d'aubergine, les rondelles de courgette, les lanières de poivron rouge et les 2 gousses d'ail entières épluchées. Salez et poivrez, versez 1 cuil. à soupe d'huile d'olive. Versez sur la plaque et enfournez pour 40 min en mélangeant régulièrement. Réservez dans une boîte.

3. Préparez le gratin d'aubergines à la parmesane. Versez 1 cuil. à café d'huile d'olive dans une poêle et faites-y revenir l'oignon ciselé et 1/3 de l'ail ciselé à feu doux. Ajoutez les tomates, 2 cuil. à soupe de basilic et laissez revenir doucement pendant 15 min en mélangeant régulièrement. Garnissez de papier sulfurisé une autre plaque à four et déposez dessus les tranches d'aubergine. Badigeonnez-les d'1 cuil. à café d'huile d'olive et enfournez pour 10 min. Retournez les tranches et enfournez encore pour 10 min. Montez le gratin dans un petit plat à four : déposez un peu de sauce tomate dans le fond du plat, saupoudrez de parmesan râpé, ajoutez une couche de tranches d'aubergine et procédez ainsi de suite en terminant par du parmesan. Enfournez pour 20 min. Filmez après refroidissement.

Préparation Menu #3

4. Faites cuire le riz complet selon les indications du paquet, égouttez et versez dans une boîte.

5. Faites cuire le poulet à la vapeur pendant 10 min. Coupez-le en lanières et réservez-le dans une boîte.

6. Enchaînez avec la cuisson du filet de poisson blanc (procédez comme pour le poulet) et réservez-le dans un bol. Laissez refroidir.

7. Faites cuire le quinoa, préalablement rincé, selon les indications du paquet, égouttez et réservez dans une boîte.

8. Préparez la soupe glacée de concombre. Mettez le concombre dans le blender, versez le yaourt de brebis. Pressez et versez le jus d'un citron. Ajoutez 1 cuil. à soupe de menthe, salez et poivrez. Mixez bien et ajoutez de l'eau si c'est trop compact. Versez dans une boîte.

9. Préparez la salade de poulpe. Essuyez les morceaux de poulpe, coupez-les en dés et faites-les revenir dans une poêle pour les saisir. Mettez-les dans une boîte. Pressez la moitié du citron dans un bol, ajoutez 1 cuil. à café d'huile d'olive et la moitié du reste d'ail ciselé. Mélangez et versez sur le poulpe. Parsemez de la moitié de l'oignon rouge, de 1 cuil. à soupe de ciboulette et de basilic. Salez et poivrez. Mélangez et fermez la boîte.

#Conseil nutrition

Le **lait de brebis** est presque deux fois plus gras que celui de vache, les yaourts de brebis le sont donc aussi (110 Kcal contre 80 Kcal. L'atout nutritionnel de ce yaourt est qu'il apporte environ ⅓ de plus de protéines et de calcium qu'un yaourt au lait de vache.

10. Préparez les rillettes de poisson. Émiettez avec une fourchette le poisson blanc. Ajoutez le reste de l'oignon rouge, 1 cuil. à soupe de ciboulette, 1 cuil. à café d'huile d'olive, 1 pincée de piment d'Espelette, du sel et du poivre. Mélangez bien et réservez dans une boîte.

11. Préparez la sauce yaourt aux herbes. Versez le yaourt nature dans un bol, ajoutez le reste de l'ail ciselé, 1 cuil. à soupe de persil, de ciboulette et 1 cuil. à café d'huile d'olive. Ajoutez un peu de zestes de citron pour apporter de la fraîcheur, salez et poivrez. Mélangez bien. Versez dans un pot.

12. Préparez le premier encas, la faiselle de brebis. Versez la faisselle de brebis dans le mixeur, ajoutez le sucre de coco, les framboises et 1 cuil. à café. de basilic. Mixez bien. Réservez dans un pot.

13. Terminer par la salade de fruits. Coupez le melon en deux, enlevez les pépins, épluchez-le et coupez-le en morceaux. Mettez dans une boîte, ajoutez les mûres et versez le jus du dernier citron. Mélangez.

14. Mettez les herbes restantes dans des bocaux.

Tout est prêt ! Laissez refroidir.

Placez au réfrigérateur :
* Les courgettes râpées (se conservent 1 jour)
* Les légumes grillés (se conservent 2 à 3 jours)
* Les pousses d'épinards (se conservent 4 jours)
* Le cœur de laitue (se conserve 5 jours)
* Le gratin d'aubergines (se conserve 4 jours)
* Le riz complet (se conserve 4 jours)
* Le poulet (se conserve 3 jours)
* Le quinoa (se conserve 4 jours)
* La salade de poulpe (se conserve 1 jour)
* Les rillettes de poisson (se conservent 5 jours)
* Le pot de sauce yaourt aux herbes (se conserve 3 jours)
* Le pot de faisselle de brebis (se conserve 4 à 5 jours)
* La salade de fruits (se conserve 3 jours)
* Les bocaux d'herbes fraîches (se conservent 5 jours)

Placez au congélateur :
* La soupe glacée

#Conseil nutrition
Le **sucre de coco** n'est pas un sucre plus « sain ». Sa différence consiste dans le fait qu'il va vous apporter un peu plus de vitamines et de minéraux. Il reste un produit sucré, à consommer avec modération.

Résultat Menu #3

Vendredi

Salade de poulpe à l'huile d'olive et courgette râpée au jus de citron

Temps de préparation : 3 min

Ingrédients : la salade de poulpe, les courgettes râpées, les pousses d'épinards, basilic, persil et menthe.

Versez la salade de poulpe dans une assiette et les courgettes râpées dans un bol avec les pousses d'épinards. Ajoutez 1 cuil. à café d'huile d'olive, 1 pincée de basilic, de persil et de menthe. Mélangez.

Mardi

Légumes d'été grillés au four, quinoa, éclats de feta et basilic frais

Temps de réchauffage : 5 min

Ingrédients : Le quinoa, les légumes grillées, la feta, basilic frais.

Réchauffez 5 min le quinoa dans une casserole. Versez-le dans le fond d'une assiette, ajoutez les légumes, émiettez la féta et parsemez de basilic. Vous pouvez réchauffer les légumes au four quelques minutes, si cous le voulez.

#Conseil nutrition

Le **quinoa** est une bonne source de protéines végétales avec environ 15 % de protéines. Ses protéines sont de qualités car mieux équilibrées en acides aminés essentiels que la majorité des céréales.

Mercredi

Salade Cæsar au poulet vapeur et sauce yaourt aux herbes

Temps de préparation : 3 min

Ingrédients : le poulet, la sauce yaourt aux herbes, les pains suédois, le cœur de laitue.

Émiettez grossièrement les pains suédois dans le fond d'un bol. Ajoutez le cœur de laitue, les morceaux de poulet et versez la sauce. Mélangez le tout.

#Conseil nutrition

En remplaçant la crème par du **yaourt**, vous baissez considérablement l'apport calorique. Remplacez simplement la quantité de crème par la même quantité de yaourt ou de fromage blanc dans nos préparations. Tout comme la crème, votre yaourt ne doit jamais bouillir.

Jeudi

Gratin d'aubergine à la parmesane et riz complet

Temps de cuisson et réchauffage :
15 min

Ingrédients : le gratin d'aubergine, le riz complet.

Préchauffez le four à 180 °C (th. 6). Enfournez le gratin pour 15 min. Pendant ce temps, réchauffez le riz dans une casserole à feu doux pendant 5 min.
Sortez la soupe glacée du congélateur et placez-la au frais pour le lendemain.

#Conseil nutrition
Le **parmesan**, comme toutes les pâtes pressées, est très riche en calcium, car le lait y est très concentré. Veillez à ne pas consommer d'autre part de fromage dans votre journée. Attention à votre consommation de sel, car ce fromage est très salé.

Vendredi

Soupe glacée de concombre à la menthe et yaourt de brebis, rillettes de poisson blanc

Temps préparation :
5 min

Ingrédients : les rillettes de poisson, la soupe glacée, 1 tranche de pain complet, toutes les herbes restantes.
Faites griller la tranche de pain complet au grille-pain. Tartinez de rillettes. Retexturez la soupe en la passant 1 min au blender avant de la verser dans une assiette creuse et ajoutez le restant des herbes.

Encas

- **Faisselle de brebis, sucre de coco et framboises**
- **Salade de fruits : melon, mûre et jus de citron**

Mangez la salade de fruits dans les 3 premiers jours. Vous pouvez manger la faisselle de brebis le reste de la semaine.

#Conseil nutrition

Restez zen. Veiller à son alimentation est un travail quotidien, d'autant plus lors d'une perte de poids. Si on veut que cela soit le plus efficace possible, il est important de changer nos habitudes durablement.
Pour cela, ne soyez pas trop sévère avec vous-même, sinon les bonnes habitudes seront impossibles à tenir. Sachez vous écouter, et si l'envie de quelque chose en particulier vous prend, accordez-vous un petit plaisir. C'est aussi ça, l'équilibre alimentaire !
Un petit carré de chocolat par exemple n'aura pas d'incidence calorique ; une restriction alimentaire suivie d'un craquage pour l'ensemble de la tablette de chocolat en aura quant à elle grandement.

Menu #4

Courses Menu #4

Légumes / Fruits

- ⁕ 1 aubergine
- ⁕ 1 courgette
- ⁕ 120 g de roquette
- ⁕ 1 tranche de pastèque
- ⁕ 1 petit fenouil
- ⁕ 250 g de haricots verts
- ⁕ 2 poivrons rouges
- ⁕ 1 poivron jaune
- ⁕ 6 tomates
- ⁕ 3 betteraves cuites
- ⁕ 1 petit concombre
- ⁕ 3 gousses d'ail
- ⁕ 1 oignon rouge
- ⁕ 2 oignons
- ⁕ 1 petit bouquet de persil
- ⁕ 1 petit bouquet de basilic
- ⁕ 1 petit bouquet de menthe
- ⁕ 2 pêches
- ⁕ 1 brugnon
- ⁕ 1 cuil. à café de citronnelle
- ⁕ 2 citrons
- ⁕ 300 g de fruits rouges

Placard de base

- ⁕ 1 pincée de sucre de bouleau
- ⁕ Huile d'olive
- ⁕ Sel
- ⁕ Poivre

Viande / Poisson

- ⁕ 150 g de viande de bœuf
- ⁕ 4 filets de sardines crues préparées

Épicerie

- ⁕ 50 g de quinoa
- ⁕ 5 olives noires

Crémerie

- ⁕ 60 g de brousse
- ⁕ 75 cl de lait ribot
- ⁕ 1 œuf

Boulangerie

- ⁕ 2 tranches de pain complet

#Conseil nutrition
La **brousse** contient une part plus importante d'eau qu'un fromage classique, vous pouvez augmenter un peu la portion recommandée (30-40 g par jour), avec ici 60 g.

Lundi

Sardines crues à l'huile d'olive et bol de légumes d'été vapeur, quinoa et herbes

Mardi

Grande salade roquette, pastèque, fenouil, brousse, olives, oignon rouge, menthe et pain complet

Mercredi

Cocotte de haricots verts à la tomate et brochette de bœuf au poivron

Jeudi

Chakchouka, œuf et mélange d'herbes ciselées

Vendredi

Soupe glacée de betterave et croûtons grillés

Encas

- Compote de fruits jaunes et citronnelle
- *Shake* lait ribot et fruits rouges

Préparation Menu #4

Au préalable

1) Si vous avez suffisamment de place, sortez les ingrédients dont vous allez avoir besoin pendant la session de cuisine (tous sauf le pain et l'œuf).

2) Sortez les ustensiles nécessaires :
- 1 blender
- 1 cuit-vapeur
- 1 essoreuse à salade
- 1 cocotte
- 2 petites casseroles
- 1 passoire fine
- 1 poêle
- 1 mandoline (idéalement, sinon un bon couteau)
- 1 pique à brochette en bois
- 1 bol
- 4 pot en verre
- 1 bocal ou 1 bouteille en verre (75 cl de contenance minimum)
- 10 boîtes ou récipients hermétiques
- Essuie-tout

C'est parti pour 2 h en cuisine !

1. Commencez par préparer les légumes. Lavez l'aubergine et la courgette et détaillez-les en petits cubes. Rincez la roquette et essorez-la. Mettez-la dans une boîte. Coupez en petits cubes la chair de la pastèque et placez-les dans une boîte. Épluchez le fenouil, coupez les queues et coupez-le en fines tranches. Ajoutez-le dans la boîte de la pastèque. Équeutez les haricots verts et lavez-les. Passez les poivrons sous l'eau, tranchez le haut, ouvrez-les en deux, enlevez les pépins et taillez-les en dés. Lavez les tomates, enlevez le pédoncule et coupez-les en morceaux. Réservez le jus dans un bol. Épluchez les betteraves cuites et coupez-les en quatre. Mettez-les directement dans le blender.

Lavez le concombre, coupez-le en morceaux et ajoutez-les dans le blender. Épluchez les gousses d'ail et ciselez-les finement. Épluchez et ciselez les oignons. Passez le persil, le basilic et la menthe sous l'eau claire et séchez-les avec du papier absorbant. Ciselez-les.

2. Préparez les fruits. Passez les pêches et le brugnon sous l'eau chaude et pelez-les. Coupez-les en deux, retirez leur noyau et mettez leur chair dans une petite casserole.

3. Préparez les légumes vapeur. Faites cuire à la vapeur l'aubergine, la courgette, l'équivalent d'une tomate et ½ oignon rouge. Réservez dans une boîte.

4. Préparez la cocotte de haricots verts. Versez 1 cuil. à café d'huile dans une petite cocotte, faites revenir l'équivalent d'un oignon pendant 2 min puis ajoutez l'équivalent d'une gousse d'ail d'une tomate et un verre d'eau. Ajoutez les haricots verts et laissez cuire 20 min à feu doux en mélangeant régulièrement. Ajoutez de l'eau si nécessaire. Mettez ensuite le tout dans une boîte et ajoutez 1 cuil. à soupe de basilic pour parfumer.

5. Rincez le quinoa, puis faites-le cuire selon les indications du paquet, égouttez et réservez dans une boîte.

#Conseil nutrition

Après votre repas, si vous avez envie de vous resservir, posez-vous toujours la question : **« Ai-je vraiment encore faim ? »**, à long terme, cette question a des bénéfices indéniables sur la gestion de votre poids.

Préparation Menu #4

6. Préparez la chakchouka. Versez 1 cuil. à soupe d'huile d'olive dans une casserole, faites revenir l'équivalent d'un oignon et d'une gousse d'ail. Ajoutez l'équivalent de 4 tomates ainsi que leur jus, 1 poivron rouge et le poivron jaune. Incorporez 1 cuil. à soupe de persil et 1 cuil. à soupe de basilic. Mélangez, couvrez et laissez mijoter à feu doux pendant 20 min. Ajoutez un peu d'eau si le fond de la casserole attache. Versez dans une boîte.

7. Montez la brochette de bœuf. Coupez la viande en morceaux. Piquez-les sur une pique à brochette en bois en intercalant avec des dés de poivron rouge. Faites ensuite chauffer 1 cuil. à café d'huile d'olive dans une poêle et faites griller la brochette pendant 3 min de chaque côté. Salez et poivrez puis réservez dans une boîte.

8. Préparez la compote de fruits jaunes. Versez un peu d'eau dans la casserole contenant les fruits. Ajoutez 1 cuil. à café de citronnelle et faites cuire à feu doux pendant 10 min en mélangeant. Versez dans un pot.

9. Mettez la brousse dans une boîte, ajoutez les olives, 1 cuil. à soupe de persil, 1 cuil. à soupe de menthe et 1 cuil. à café d'huile d'olive. Poivrez et fermez.

10. Préparez la soupe glacée de betteraves. Ajoutez dans le blender (contenant les betteraves et le concombre) l'équivalent de ½ gousse d'ail, pressez 1 citron dessus et mixez légèrement. Ajoutez ensuite 1 cuil. à soupe de menthe et 20 à 25 cl de lait ribot. Mixez bien. Versez dans une boîte.

#Conseil nutrition
Il est primordial de **bien dormir** pour perdre du poids. Lorsque l'on est fatigué, nous avons tendance à être plus vulnérables, à moins bouger et à céder plus facilement aux envies de grignotage.
De nombreuses études ont montré un risque de surpoids et d'obésité augmenté chez les personnes qui dormaient peu.

11. Préparez le *shake* lait ribot. Versez le blender, ajoutez les fruits rouges, versez 50 cl de lait ribot, mixez et versez dans un bocal ou une bouteille.

12. Préparez les sardines. Pressez le second citron. Passez les endives et les sardines sous l'eau sous l'eau et épongez-les. Déposez-en 2 dans une boîte, peau contre la boîte. Versez le jus du citron et 1 cuil. à café d'huile d'olive. Poivrez, salez et parsemez de l'équivalent de ½ oignon rouge et de 1 cuil. à soupe de basilic. Placez les 2 filets de sardine peau vers le dessus. Fermez la boîte.

13. Mettez les herbes restantes dans des petits bocaux.

Tout est prêt ! Laissez refroidir.

Placez au réfrigérateur :
- La roquette (se conserve 4 jours)
- Les légumes vapeur (se conservent 2 jours)
- La boîte contenant la pastèque et le fenouil (se conservent 2 jours)
- La boîte contenant les haricots à la tomate (se conservent 3 jours)
- Le quinoa (se conserve 3 à 4 jours)
- La chakchouka (se conserve 4 jours)
- La brochette de bœuf (se conserve 2 jours)
- La compote (se conserve 5 jours)
- La boîte contenant la brousse aux olives (se conserve 3 jours)
- Les sardines (se conservent 2 jours)
- Le shake lait ribot (se conserve 2 jours)
- Les herbes fraîches (se conservent 5 jours)

Placez au congélateur :
- La soupe glacée de betteraves

#Conseil nutrition
Le **lait ribot** est un lait fermenté. Au niveau nutritionnel, il ressemble à un lait classique. Sa différence et son atout principal sont qu'il renferme des bactéries lactiques vivantes : des probiotiques. Cela a une action bénéfique reconnue sur la digestion du lactose et le renforcement de l'immunité.

Résultat Menu #4

 Menu #4

Lundi

Sardines crues à l'huile d'olive et bol de légumes d'été vapeur, quinoa et herbes

Temps de réchauffage : 5 min

Ingrédients : le quinoa, les légumes vapeur, un peu de basilic, de persil et de menthe.

Versez le quinoa dans une poêle et réchauffez-le 5 min à feu doux. Déposez-le dans un bol, ajoutez les légumes cuits à la vapeur. Versez 1 cuil. à café d'huile d'olive, salez, poivrez et parsemez de basilic, de persil et de menthe. Déposez les filets de sardines sur une assiette.

Mardi

Grande salade roquette, pastèque, fenouil, brousse, olives, oignon rouge, menthe et pain complet

Temps de préparation : 5 min

Ingrédients : la roquette, la pastèque et le fenouil, la brousse aux olives, 1 tranche de pain complet.

Déposez la roquette sur une assiette. Ajoutez les morceaux de pastèque et le fenouil puis la brousse avec les olives, les herbes ; ajoutez 1 cuil. à café d'huile d'olive si nécessaire. Faites griller la tranche de pain complet, coupez-la en petits cubes et déposez-les sur la salade.

Mercredi

Cocotte de haricots verts à la tomate et brochettes de bœuf au poivron

Temps de réchauffage : 7 min

Ingrédients : les haricots à la tomate, la brochette de bœuf, les herbes de votre choix.

Mettez les haricots à la tomate dans une grande poêle et réchauffez quelques minutes en mélangeant. Déposez la brochette sur le dessus, couvrez et laissez-la réchauffer pendant 3 min. Parsemez d'herbes de votre choix.

Jeudi

Chakchouka, œuf et mélange d'herbes ciselées

Temps de réchauffage :
6 min

Ingrédients : la chakchouka, 1 œuf, les herbes de votre choix.
Versez le mélange de tomates et poivrons dans une poêle et réchauffez jusqu'à petite ébullition. Cassez l'œuf au centre et laissez-le cuire quelques minutes. Versez délicatement dans une assiette et parsemez d'herbes fraîches.

Sortez la soupe du congélateur et placez-la au frais pour le lendemain.

#Conseil nutrition
N'hésitez pas à consommer régulièrement des **œufs**. Le cholestérol contenu dans l'œuf n'a aucune incidence sur notre cholestérol sanguin. En revanche, préférez toujours des œufs biologiques, de poules élevées en plein air, leurs valeurs nutritionnelles sont très différentes des œufs prélevés en batterie.

Vendredi

Soupe glacée de betterave et croûtons grillés

Temps de préparation :
5 min

Ingrédients : la soupe de betteraves, 1 tranche de pain complet, le reste des herbes.
Versez la soupe dans le blender, mixez-la 1 min pour bien la retexturer. Faites griller le pain complet et coupez-le en cubes. Versez la soupe dans un bol, ajoutez les cubes de pain complet, 1 cuil. à soupe d'huile d'olive et parsemez d'herbes restantes. Poivrez si nécessaire.

Encas

- Compote de fruits jaunes et citronnelle
- Shake lait ribot et fruits rouges

Consommez le *shake* lundi ou mardi.
Consommez la compote le reste de la semaine.

#Conseil nutrition
La **citronnelle** est très utilisée en phytothérapie. Au niveau nutritionnel, rien n'est prouvé scientifiquement, mais on lui attribue de nombreux bienfaits avec une action antispasmodique et antibactérienne. Elle améliorerait les troubles digestifs et contribuerait à faire baisser le taux de sucre dans le sang.

Automne

#Conseil nutrition

Quand on souhaite **perdre du poids**, on a tendance à se ruer sur la balance. Mon conseil : pesez-vous une seule fois par semaine, c'est suffisant. En revanche, faites-le dans les mêmes conditions, c'est-à-dire le matin, à jeun, après être passé aux toilettes. Évitez de vous peser en début de semaine, il est usuel que notre poids soit légèrement supérieur à la suite du week-end. Pesez-vous par exemple tous les mercredis, c'est plus encourageant !

Menu #1

Légumes / Fruits

- ⁕ 450 g de mélange de champignons de saison
- ⁕ ¼ de potimarron
- ⁕ 1 patate douce
- ⁕ 3 panais
- ⁕ 1 petite pomme de terre
- ⁕ 1 carotte
- ⁕ 1 petite tête de brocoli
- ⁕ 2 endives
- ⁕ 1 petite salade frisée
- ⁕ 1 gousse d'ail
- ⁕ 1 oignon
- ⁕ 1 pouce de gingembre
- ⁕ 1 botte de persil
- ⁕ 4 poires
- ⁕ 1 pomme

Placard de base

- ⁕ 1 pincée de muscade
- ⁕ 1 pincée de cannelle en poudre
- ⁕ Origan
- ⁕ Vinaigre de cidre
- ⁕ Huile d'olive
- ⁕ Sel
- ⁕ Poivre

Poisson

- ⁕ 1 truite vidée

Crémerie

- ⁕ 1 yaourt de brebis
- ⁕ 30 g de fromage de brebis
- ⁕ 15 g de roquefort
- ⁕ 1 œuf

Boulangerie

2 tranches de pain de seigle
(1 pour lundi, 1 pour vendredi)

Épicerie

- ⁕ 20 g d'amandes effilées
- ⁕ 40 g de quinoa
- ⁕ 50 g de petits flocons d'avoine
- ⁕ 1 briquette de lait d'amande
- ⁕ 2 cuil. à soupe de mélange de graines

#Conseil nutrition
Ne vous faites pas avoir entre le **« pain de seigle »** et le « pain au seigle ». Le « pain au seigle » doit seulement contenir un minimum 10 % de farine de seigle, loin du « pain de seigle » qui lui doit être confectionné à partir d'au moins 65 %.

Lundi

Poêlée de champignons, ail et persil, salade frisée et œuf mollet

Mardi

Patate douce au four et lamelles de brebis, herbes, graines et endive

Mercredi

Truite aux amandes et purée de panais

Jeudi

Poêlée de quinoa aux légumes et coulis de persil

Vendredi

Velouté de brocoli, éclats de roquefort et croûtons

Encas

- Porridge au lait d'amande et pomme
- Compote de poires au gingembre

Préparation Menu #1

Au préalable

1) Si vous avez suffisamment de place, sortez les ingrédients dont vous allez avoir besoin pendant la session de cuisine (tous sauf le pain, le fromage de brebis, le roquefort et le mélange de graines).

2) Sortez les ustensiles nécessaires :
- 1 mixeur
- 2 poêles
- 1 plat à four
- 4 casseroles
- 1 bol
- 1 passoire
- 1 économe
- 1 presse-purée
- 2 pots en verre type pots à confiture
- 10 boîtes ou récipients hermétiques
- Essuie-tout, film alimentaire, papier sulfurisé

C'est parti pour 2 h en cuisine !

1. Commencez par préparer tous les légumes.
Brossez les champignons, coupez la base des troncs puis coupez-les en morceaux. Lavez le potimarron, gardez la peau et coupez-le en cubes. Épluchez la patate douce et coupez-la en rondelles. Épluchez les panais et coupez-les en morceaux. Épluchez la pomme de terre et coupez-la en rondelles. Épluchez la carotte et coupez-la en petits cubes. Préparez le brocoli, détachez les bouquets et coupez les troncs. Lavez-les sous l'eau claire. Passez les endives sous l'eau et coupez-les en lamelles, séchez-les bien et réservez-les dans une petite boîte. Épluchez et lavez la frisée. Essorez-la et réservez-la dans une boîte. Pelez et ciselez l'ail et l'oignon. Épluchez et hachez finement

le gingembre. Lavez et séchez bien le persil, ciselez-le.

2. Préparez la compote de poires. Épluchez les poires, coupez-les en deux, enlevez l'intérieur dur et coupez-les en morceaux. Mettez-les directement dans une petite casserole, ajoutez un peu d'eau et faites cuire 10 min à feu doux à couvert. Écrasez à l'aide d'une fourchette, ajoutez le gingembre frais râpé et réservez dans une boîte.

#Conseil nutrition

Le **porridge** est très connu au Royaume-Uni. Il peut être consommé en collation ou plus souvent au petit déjeuner. Les flocons d'avoine sont reconnus pour être très rassasiants et vous éviter les fringales. Tout en ayant un faible taux d'index glycémique, le porridge entre dans la prévention de pathologies cardiovasculaires et fait baisser le taux de LDL-Cholestérol (le mauvais).

3. Préparez le porridge au lait d'amande. Épluchez la pomme, coupez-la en deux, retirez les parties dures et coupez-la en morceaux. Versez le lait d'amande dans une casserole, ajoutez les flocons d'avoine et la cannelle. Faites chauffer et laissez cuire 5 min en mélangeant régulièrement. Ajoutez les pommes et laissez cuire encore 4 min. Réservez dans une boîte.

4. Préparez la patate douce au four. Préchauffez le four à 180 °C (th. 6). Déposez les morceaux de patate douce dans un plat à four. Ajoutez 1 cuil. à café d'huile d'olive, salez et poivrez. Parsemez d'origan. Enfournez pour 20 min et retournez-les à mi-cuisson. Laissez refroidir, filmez le plat et réservez.

Préparation Menu #1

#Conseil nutrition
Tout comme le saumon, la **truite** est considérée comme un poisson gras, à consommer une fois par semaine. La seule différence nutritionnelle entre ces deux poissons est que la truite est moins calorique que le saumon. Pour des repas plus locaux, préférez-la aussi, vous pouvez en trouver en provenance de l'Aquitaine, des Pyrénées et de Bretagne.

↓

5. Préparez la truite. Passez-la sous l'eau claire et séchez-la avec du papier absorbant. Étalez 1 feuille de papier sulfurisé. Déposez la truite au centre, ajoutez 1 cuil. à café d'huile d'olive, les amandes effilées, salez et poivrez. Refermez la papillote et enfournez pour 15 min. Laissez refroidir et réservez dans une boîte.

6. Préparez la purée de panais. Mettez les pommes de terre et le panais dans une casserole, salez, couvrez d'eau et laissez cuire 18 min. Retirez l'eau s'il y en a trop et écrasez avec un presse-purée. Placez dans une boîte.

7. Mettez le brocoli dans une casserole, couvrez d'eau et faites cuire 20 min. Retirez un peu d'eau, ajoutez le yaourt de brebis, salez, poivrez, ajoutez 1 cuil. à soupe de persil, mixez en velouté. Versez dans une boîte.

8. Préparez la poêlée de quinoa. Versez 1 cuil. à café d'huile d'olive dans une poêle et faites revenir l'oignon pendant 3 min. Ajoutez les morceaux de carotte et le potimarron. Mélangez puis versez le quinoa préalablement rincé. Versez 1 grand verre d'eau et laissez cuire doucement. Ajoutez de l'eau encore une fois, laissez cuire jusqu'à absorption. Goûtez et, si le quinoa est cuit, stoppez la cuisson,

sinon ajoutez encore un peu d'eau. Salez et poivrez, versez dans une boîte.

9. Faites cuire l'œuf dans une casserole pendant 4 min. Laissez refroidir et réservez au frais.

10. Préparez le coulis de persil. Mixez 1,5 cuil. à soupe de persil avec 2 cuil. à soupe d'huile. Versez dans un pot.

11. Préparez une vinaigrette. Versez 3 cuil. à soupe de vinaigre de cidre dans un bol, ajoutez 5 cuil. à soupe d'huile d'olive, salez et poivrez. Versez dans un pot.

12. Terminez les préparations avec la poêlée de champignons. Versez 1 cuil. à café d'huile dans une poêle et faites revenir l'ail pendant 1 min. Ajoutez les champignons et laissez cuire en mélangeant pendant 5/6 min. Salez, poivrez et parsemez de persil. Réservez dans une boîte.

13. Mettez le reste de persil dans une petite boîte.

Tout est prêt ! Laissez refroidir.

Placez au réfrigérateur :
* Les endives (se conservent 3 jours)
* La salade frisée (se conserve 4 à 5 jours)
* La boîte contenant la compote de poires (se conserve 4 jours)
* La boîte contenant le porridge lait d'amande-pomme (se conserve 2 jours)
* Le plat de patate douce (se conserve 3 jours)
* La boîte contenant la purée de panais (se conserve 3 jours)
* La boîte contenant la papillote de truite (se conserve 3 jours)
* La boîte contenant la poêlée de quinoa (se conserve 4 jours)
* L'œuf mollet (se conserve 2 jours)
* Le pot de coulis de persil (se conserve 5 jours)
* Le pot de vinaigrette (se conserve 5 jours)
* La boîte contenant la poêlée de champignons (se conserve 2 jours)
* La boîte contenant le persil (se conserve 5 jours)

Placez au congélateur :
* Le velouté de brocoli

#Conseil nutrition
Savez-vous que le **brossage des dents** n'a pas que des bénéfices pour la santé bucco-dentaire, il agit également en limitant vos envies de grignotage. Le brossage agit comme un coupe-faim et inhibe les envies sucrées, particulièrement s'il s'agit d'un dentifrice mentholé.

#Conseil nutrition
Les **champignons** sont composés en moyenne de 90 % d'eau, ils ont donc une valeur calorique très faible. Les variétés d'automne à consommer sont les cèpes, l'amanite des Césars, le coprin chevelu, la coulemelle, le pied-de-mouton, la girolle, la trompette-de-la-mort, les lactaires, le pied bleu et le rosé-des-prés.

Résultat Menu #1

Menu #1

Lundi

Poêlée de champignons, ail et persil, salade frisée et œuf mollet

Temps de réchauffage et cuisson :
5 min
Temps de préparation :
3 min

Ingrédients : la poêlée de champignons, 1 tranche de pain de seigle, un peu de vinaigrette, la salade, l'œuf mollet.
Faites réchauffer à feu doux les champignons dans une poêle. Faites griller la tartine de pain de seigle et coupez-la en morceaux. Versez 1 cuil. à soupe de vinaigrette dans un saladier ; ajoutez la salade et mélangez bien. Mettez les champignons dans un bol. Versez les morceaux de pain dans la poêle, mélangez 1 min puis ajoutez la salade et faites-la revenir 2 min pour l'attendrir et lui donner le goût des champignons. Salez et poivrez.

Mardi

Patate douce au four et lamelles de brebis, herbes, graines et endives

Temps de réchauffage :
5 min

Ingrédients : le plat de patate douce, le fromage de brebis, les endives, les graines, un peu de persil et un peu de vinaigrette.
Préchauffez le four à 180 °C (th. 6). Couvrez et réchauffez le plat de patate douce. Coupez le fromage de brebis en lamelles à l'aide d'un. Déposez-les sur la patate douce à la sortie du four, ajoutez les graines et 1 cuil. à soupe de persil. Poivrez. Versez 1 cuil. à soupe de vinaigrette dans un bol, ajoutez les endives, mélangez.

Mercredi

Truite aux amandes et purée de panais

Temps de réchauffage :
8/10 min

Ingrédients : la papillote de truite, la purée de panais, un peu de persil.
Réchauffez la truite à la vapeur ou au four préchauffé à 180 °C (th. 6) pendant 8/10 min. Réchauffez la purée à feu doux dans une casserole. Parsemez de persil.

Jeudi

Poêlée de quinoa aux légumes et coulis de persil

Temps de préparation :
5/10 min

Ingrédients : la poêlée, le coulis de persil.
Réchauffez la poêlée à feu doux dans une casserole. Servez avec le coulis de persil.

Sortez le velouté de brocoli du congélateur et placez-le au frais pour le lendemain.

Vendredi

Velouté de brocoli, éclats de roquefort et croûtons

Temps de préparation :
5 min

Ingrédients : la velouté de brocoli, 1 tranche de pain de seigle, le roquefort, le reste de persil.
Réchauffez à feu doux le velouté de brocoli. Faites griller la tranche de pain au grille-pain. Coupez en petits morceaux. Versez le velouté dans une assiette creuse et faites au centre un petit tas de pain. Parsemez de roquefort émietté et du persil restant.

#Conseil nutrition
Vous pouvez ajouter des **graines** dans vos salades, soupes, omelettes, tartes, cakes salés ou sucrés, jus et milkshakes... Vos plats auront ainsi une touche en plus d'atouts nutritionnels : des acides gras essentiels, des oméga-3, des protéines, des fibres...

Encas

- Porridge au lait d'amande et pomme
- Compote de poires au gingembre

Le porridge au lait d'amande et pomme est à déguster en début de semaine, lundi ou mardi.
La compote de poires au gingembre est pour le reste de la semaine.

#Conseil nutrition
Il existe différentes variétés de **poires** : la williams, parfumée et fondante. Elle se conserve mal.
La beurré Hardy, parfumée, moins fondante que la williams.
Elle se conserve 1 à 2 semaines. La conférence, ferme et croquante.
La comice, juteuse et fondante, très parfumée et sucrée. Pour les conserver, stockez-les loin des pommes, des coings, des avocats et des bananes.

#Conseil nutrition

Toute la vie, et surtout quand on perd du poids, il est primordial d'avoir un bon **niveau d'hydratation**. Dès le réveil, buvez un verre d'eau et consommez environ 1,5 l par jour, de manière bien répartie dans la journée, par petites gorgées. Cela correspond environ à 8 verres d'eau. Surtout, n'attendez pas d'avoir soif. Si c'est le cas, c'est que votre corps est déjà déshydraté.

Menu #2

Courses Menu #2

Légumes / Fruits

- ✱ 150 g de mâche
- ✱ 3 grosses endives
- ✱ 3 petites carottes anciennes de plusieurs couleurs
- ✱ 1 oignon
- ✱ 1 petit bouquet de persil
- ✱ 1 petit bouquet d'aneth
- ✱ Quelques brins de thym
- ✱ 1 gros coing
- ✱ 8 noix
- ✱ 3 citrons
- ✱ 2 poires
- ✱ 1 pomme
- ✱ 2 figues
- ✱ 1 grappe de raisin bio

Placard de base

- ✱ 40 g de sucre roux
- ✱ 65 g de farine avec levure
- ✱ 1 pincée de quatre-épices
- ✱ 1 bouquet garni
- ✱ 1 pincée de ras-el-hanout
- ✱ Moutarde en grains
- ✱ Vinaigre de cidre
- ✱ Huile d'olive
- ✱ Sel
- ✱ Poivre

Viande / Poisson

- ✱ 1 filet de poulet fermier
- ✱ 2 tranches de truite fumée
- ✱ 2 tranches de bacon

Épicerie

- ✱ 40 g de flocons d'avoine
- ✱ 75 g de pépites de chocolat extra noir
- ✱ 50 g de pois cassés
- ✱ 60 g de couscous complet
- ✱ 60 g de torsades au petit épeautre

Crémerie

- ✱ 30 cl de crème fleurette légère
- ✱ 1 œuf
- ✱ 30 g de cabécou

Boulangerie

- ✱ 1 tranche de pain complet

#Conseil nutrition
Le **couscous** a un IG (Index Glycémique) qui a tendance à faire monter trop rapidement notre glycémie. En le choisissant complet, les fibres vont intervenir et réduire ce phénomène.

Lundi

Grande salade de mâche, endive, poire, figue, noix et cabécou chaud au thym

Mardi

Tajine de coing au poulet et couscous complet

Mercredi

Velouté de pois cassés et chips de bacon

Jeudi

Gratin d'endives à la truite fumée et crème ultra légère

Vendredi

Torsades au petit épeautre, pesto de mâche et carottes

Encas

- Muffins aux flocons d'avoine et chocolat noir
- Salade de fruits d'automne

Préparation Menu #2

Au préalable

1) Si vous avez suffisamment de place, sortez les ingrédients dont vous allez avoir besoin pendant la session de cuisine (sauf les torsades).

2) Sortez les ustensiles nécessaires :

* 1 casse-noix
* 6 moules à muffins antiadhésifs
* 1 cocotte
* 1 petit plat à gratin
* 1 cuit-vapeur
* 1 mixeur
* 1 blender
* 1 casserole
* 1 poêle
* 1 économe
* 1 râpe à gros trous
* 1 bol
* 2 pots en verre type pots à confiture
* 1 bouteille en verre
* 11 boîtes ou récipients hermétiques (7 petites et 1 moyenne)
* Essuie-tout, film alimentaire

C'est parti pour 2 h en cuisine !

1. Commencez par préparer les légumes.
Épluchez la mâche, lavez-la sous l'eau claire plusieurs fois et essorez-la bien. Lavez les endives et coupez-les en deux dans le sens de la longueur. Puis coupez-en 1 en rondelles et réservez dans une boîte avec 100 g de mâche environ. Réservez le reste des endives pour le gratin. Épluchez les carottes et râpez-les sur les gros trous d'une râpe. Réservez dans une boîte. Pelez et ciselez l'oignon. Lavez le persil sous l'eau, séchez-le et ciselez-le finement. Lavez et ciselez l'aneth. Épluchez le coing et coupez-le en gros morceaux. Enlevez toutes les parties dures. Ouvrez les noix à l'aide d'un casse-noix.

#Conseil nutrition
La **crème fleurette légère** est 2 à 3 fois moins calorique que la classique (145 Kcal pour 100 g contre 301 Kcal). Malgré ce bénéfice, utilisez des produits allégés avec grande modération, car afin de retrouver la texture et la saveur de la crème fleurette entière, les industriels doivent ajouter de l'amidon modifié et des émulsifiants, des produits loin d'être naturels, à consommer donc avec grande modération.

2. Préparez le gratin d'endives. Faites cuire les endives à la vapeur pendant 15 min. Préchauffez le four à 180 °C (th. 6). Pressez le jus d'un citron. Parsemez les endives d'aneth et enroulez-les dans la tranche de truite fumée. Déposez dans un petit plat à gratin. Poivrez et versez 20 cl de crème fleurette ainsi que le jus du citron. Enfournez pour 10 min. Laissez refroidir et filmez.

3. Enchaînez avec les muffins comme le four est chaud. Cassez l'œuf dans un bol, versez le sucre roux et fouettez avec une fourchette. Ajoutez 1 cuil. à soupe d'huile d'olive, les flocons d'avoine, la farine avec levure et 1 pincée de sel. Mélangez et incorporez les pépites de chocolat et 10 cl de crème fleurette. Remplissez les 6 moules à muffins aux trois-quarts et enfournez-les pour 15/18 min. Laissez refroidir et conservez dans une boîte hermétique.

4. Préparez le velouté de pois cassés. Faites cuire les pois cassés dans une grande casserole d'eau selon les indications sur le paquet ; ajoutez le bouquet garni et 1 pincée de sel. À la fin de la

#Conseil nutrition
Les **pois cassés** sont des légumineuses trop souvent oubliées. Les pois sont pourtant riches en protéines végétales et d'excellentes sources de fibres. Les légumineuses (fèves et haricots secs, pois secs, lentilles) doivent être consommées au moins une fois toutes les deux semaines.

Préparation Menu #2

cuisson, retirez le bouquet garni. Réservez un peu d'eau de cuisson dans un verre, ajoutez 2 cuil. à soupe de persil, 1 filet d'huile d'olive et mixez. Ajoutez un peu d'eau ou non selon la consistance voulue. Versez dans une bouteille.

5. Préparez le tajine de coing. Réhydratez le couscous selon les indications sur le paquet. Égrainez et réservez dans une petite boîte. Émincez le filet de poulet. Versez 1 cuil. à café d'huile d'olive dans une petite cocotte et faites saisir l'oignon pendant 2 min. Ajoutez le poulet, laissez dorer puis ajouter 1 pincée de ras-el-hanout et mélangez bien. Incorporez les morceaux de coing, couvrez à hauteur d'eau. Laissez mijoter 15/20 min en mélangeant. Versez dans une boîte, saupoudrez de 2 cuil. à soupe de persil puis fermez la boîte.

6. Préparez la salade. Pressez 1 citron. Épluchez 1 poire, retirez la partie dure et coupez-la en morceaux. Coupez 1 figue en rondelles. Mettez le tout dans une boîte, arrosez de jus de citron puis fermez.

7. Préparez le cabécou. Faites griller la tranche de pain. Déposez le fromage dessus, versez 1 cuil. à café d'huile d'olive, poivrez, parsemez de thym, ajoutez 4 noix et réservez dans une boîte.

8. Pour les chips de bacon, faites griller à sec le bacon dans une poêle de chaque côté. Essuyez avec du papier absorbant et conservez dans une boîte.

#Conseil nutrition
Prenez le temps de bien **mastiquer**, vous obtiendrez grâce à ce simple conseil une meilleure gestion de votre poids. En mastiquant, vous avez une meilleure sensation de satiété et vous vous arrêtez plus facilement de manger au bon moment. Cela va aussi faciliter votre digestion, la mastication étant la première phase de dégradation des aliments en petites particules.

9. Préparez le pesto de mâche. Mettez la mâche restante dans un blender, ajoutez 4 noix, salez et poivrez. Versez 1 cuil. à soupe d'huile d'olive, mixez, ajoutez un peu d'huile d'olive si nécessaire, la texture doit être souple. Versez dans un pot.

10. Préparez la vinaigrette pour la salade.
Mettez ½ cuil. à café de moutarde en grains dans un bol, ajoutez 1 cuil. à café de vinaigre de cidre et 2 cuil. à soupe d'huile d'olive. Salez et poivrez. Émulsionnez à la fourchette et versez dans un pot.

11. Réservez dans l'aneth et le persil dans des boîtes.

12. Terminez par la salade de fruits. Épluchez la pomme et la seconde poire. Retirez les parties dures et coupez-les en morceaux puis mettez-les dans une boîte. Pressez le jus d'un citron sur le dessus. Coupez la seconde figue en quatre et ajoutez-la. Lavez le raisin et ajoutez les grains ainsi qu'une pincée de quatre-épices. Mélangez et fermez la boîte.

#Conseil nutrition
Le **raisin** est l'un des fruits les plus contaminés au niveau des pesticides. Si vous le pouvez, il est préférable de le consommer biologique.

Tout est prêt ! Laissez refroidir.

Placez au réfrigérateur :
* La boîte contenant la mâche et les endives (se conservent 2 à 3 jours)
* Le velouté de pois cassés (se conserve 3 à 4 jours)
* Le couscous (se conserve 3 jours)
* Le tajine (se conserve 3 jours)
* La boîte contenant la poire et la figue (se conservent 2 jours)
* La boîte contenant la tartine cabécou (se conserve 2 jours)
* Les chips de bacon (se conservent 3 jours)
* Le pot de pesto (se conserve 5 jours)
* Le pot de vinaigrette (se conserve 5 jours)
* La salade de fruits (se conserve 1 jour)
* Les herbes fraîches (se conservent 6 jours)

Placez au congélateur :
* Les carottes râpées
* Le gratin d'endives

Laissez dehors :
* Les muffins

Résultat Menu #2

 Menu #2

Lundi

Grande salade de mâche, endive, poire, figue, noix et cabécou chaud au thym

Temps de cuisson :
5 min

Ingrédients : la boîte contenant la mâche et les endives, la tartine de cabécou, la poire et la figue, la vinaigrette, un peu de persil.
Préchauffez le four à 180 °C (th. 6) et enfournez la tartine de cabécou pour 5 min.
Mettez la mâche et l'endive dans un saladier, versez la vinaigrette, mélangez et placez le tout sur une grande assiette, ajoutez la poire et la figue en morceaux, saupoudrez de persil et dégustez avec la tartine.

Mardi

Tajine de coing au poulet et couscous complet

Temps de réchauffage :
5 min

Ingrédients : le tajine, le couscous, un peu de persil.
Faites réchauffer à feu doux le tajine et le couscous.
Parsemez de persil.

Mercredi

Velouté de pois cassés et chips de bacon

Temps de réchauffage :
10 min

Ingrédients : le velouté de pois cassés, les chips de bacon, un peu d'aneth.
Faites réchauffer à feu doux le velouté de pois cassés et ajoutez les chips de bacon au milieu. Poivrez et parsemez d'un peu d'aneth.

Sortez le gratin du congélateur et placez-le au réfrigérateur pour le lendemain.

Jeudi

Gratin d'endives à la truite fumée et crème ultra légère

Temps de cuisson :
15 min

Ingrédients : le gratin d'endives, le reste de persil.
Préchauffez le four à 180 °C (th. 6) et enfournez le gratin pour 15 min. Saupoudrez de persil.

Sortez les carottes râpées du congélateur et placez-les au réfrigérateur pour le lendemain.

Vendredi

Torsades au petit épeautre, pesto de mâche et carottes

Temps de cuisson :
10 min env.
Temps de repos :
4 min

Ingrédients : les torsades, les carottes râpées, le pesto.
Faites cuire les torsades selon les indications sur le paquet. Mettez les carottes râpées dans un plat, ajoutez les torsades et déposez une assiette dessus pour que cela infuse 4 min. Ajoutez le pesto et mélangez.

#Conseil nutrition
Lorsque vous consommez un **pesto**, pensez à toujours ajouter une belle part de légumes afin de limiter la portion de pesto réalisé à base d'huile, vous limiterez ainsi l'apport calorique de votre repas.

Encas

- **Muffins aux flocons d'avoine et chocolat noir**
- **Salade de fruits d'automne**

Dégustez la salade de fruits le lundi et les muffins le reste de la semaine.

#Conseil nutrition
Que votre **chocolat** soit noir ou au lait, il aura la même valeur énergétique, environ 570 Kcal pour 100g. En revanche, ses atouts nutritionnels sont différents. Réalisé à partir d'un mélange de sucre et de cacao, il doit contenir dans sa partie cacaoté au moins 18 % de beurre de cacao, et cela fait toute la différence. Sa richesse en sucre et en gras fait que sa consommation doit toutefois rester modérée. Deux carrés par jour dans le cadre d'une alimentation variée et équilibrée sont acceptables.

#Conseil nutrition

Le **grignotage** est un axe sur lequel il est important de se focaliser, il est le responsable de la majorité des kilos pris en excès. Ayez toujours dans votre sac une petite boîte avec des amandes ou des noix (une dizaine maximum par jour), ou alors un fruit qui s'emporte facilement, comme une banane ou une pomme, au fort pouvoir rassasiant.

Vous pouvez également vous accorder un snack salé avec un petit sandwich à base de pain complet si vous avez vraiment très faim.

Menu #3

Courses Menu #3

Légumes / Fruits

- ✱ 3 carottes
- ✱ 4 panais
- ✱ 3 pommes de terre
- ✱ 1 navet
- ✱ 3 poireaux
- ✱ 1 petit potimarron
- ✱ 1 gros fenouil
- ✱ 1 betterave rose chioggia
- ✱ 2 oignons
- ✱ 1 gousse d'ail
- ✱ 1 petit bouquet de persil
- ✱ 1 petit bouquet de coriandre
- ✱ ½ botte d'aneth
- ✱ 1 orange
- ✱ 1 ananas Victoria
- ✱ 2 citrons

#Conseil nutrition
La **betterave chioggia** est ronde avec une chair sucrée. Elle se consomme cuite ou même crue, il vous suffit de la peler. En la gardant crue, vous conservez son magnifique côté marbré rose vif et blanc. Une fois cuite, la chair blanche devient rose.

Viande / Poisson

- ✱ 150 g de calamars préparés

Épicerie

- ✱ 200 g de tofu fumé
- ✱ 100 g de riz complet

#Conseil nutrition
Le goût du **tofu** en lui-même est très neutre ; en revanche, il absorbe toutes les saveurs des aliments avec lesquels il est cuisiné. Il est très utilisé dans la cuisine végétarienne car ses protéines sont complètes, c'est-à-dire qu'elles contiennent tous les acides aminés, comme n'importe quel produit d'origine animale.

Boulangerie

- ✱ 1 tranche de pain complet (pour jeudi)

Placard de base

- ✱ 1 pincée de grains de vanille
- ✱ 2 clous de girofle
- ✱ 1 bouquet garni
- ✱ 1 pointe de massala
- ✱ Vinaigre de riz
- ✱ 1 berlingot de crème de coco
- ✱ Huile d'olive
- ✱ Poivre
- ✱ Fleur de sel
- ✱ Sel

#Conseil nutrition
La **crème de coco** donne une saveur toute particulière à vos plats. Elle est confectionnée à base de lait de coco que l'on a déshydraté, sa densité énergétique est donc supérieure à celle du lait de coco. Il est possible de trouver des versions allégées de cet aliment, qui reste à consommer avec modération.

Lundi

Pot-au-feu veggie

Mardi

Poêlée de riz complet et légumes

Mercredi

Salade de fenouil à l'orange et aneth et calamars grillés

Jeudi

Velouté de potimarron, crème de coco, pointe de massala et coriandre

Vendredi

Hachis parmentier de panais

Encas

- Tranches d'ananas à la vanille
- Betterave rose au citron et fleur de sel à croquer

Préparation Menu #3

Au préalable

1) Si vous avez suffisamment de place, sortez les ingrédients dont vous allez avoir besoin pendant la session de cuisine (tous sauf le pain).

2) Sortez les ustensiles nécessaires :

* 1 cocotte
* 3 poêles
* 1 casserole
* 1 plat à gratin
* 1 mixeur
* 1 presse-purée (ou 1 fourchette)
* 1 râpe fine
* 1 économe
* 1 bol
* 1 bouteille en verre
* 9 boîtes ou récipients hermétiques
* Essuie-tout, film alimentaire

C'est parti pour 2 h en cuisine !

1. Commencez par préparer les légumes.

Épluchez les carottes et coupez-en 2 en deux et la dernière en lamelles. Épluchez les panais et coupez-les en trois. Épluchez les pommes de terre et coupez-les en deux. Épluchez le navet et coupez-le en quatre. Coupez le vert de 2 poireaux, faites une croix au couteau dans les blancs et lavez-les sous l'eau. Hachez les blancs. Coupez le vert du dernier poireau, lavez le blanc et coupez-le en gros morceaux. Réservez pour le pot-au-feu. Lavez le potimarron, enlevez les nœuds et coupez-le en deux. Retirez les pépins et coupez-le en morceaux. Épluchez le fenouil et râpez-le à la râpe fine. Épluchez la betterave, coupez-la en tranches fines. Épluchez et ciselez les oignons. Pelez et émincez l'ail. Lavez le persil et la coriandre ainsi que l'aneth

sous l'eau. Séchez-les avec du papier absorbant et ciselez-les finement.

2. Préparez les fruits. Épluchez l'orange et coupez-la en rondelles fines. Épluchez l'ananas, coupez-le en tranches et mettez-les dans une boîte avec le jus. Ajoutez la vanille, mélangez. Fermez la boîte.

3. Commencez par le pot-au-feu. Versez 1 cuil. à café d'huile d'olive dans une cocotte et faites revenir l'oignon pendant 2 min. Ajoutez ensuite les carottes, les navets, les pommes de terre, les panais et les poireaux ; mélangez 2 min, ajoutez 1 pincée de sel, les clous de girofle, le bouquet garni et couvrez d'eau bouillante. Couvrez et laissez mijoter 25/30 min.

4. Coupez le tofu en cubes. Versez 1 cuil. à café d'huile dans une poêle et faites griller le tofu de tous les côtés. Quand les légumes du pot-au-feu sont cuits, réservez l'équivalent d'une carotte, d'une pomme de terre, d'un navet et le poireau dans une boîte. Mouillez avec un peu de jus de cuisson. Ajoutez la moitié du tofu fumé sur le dessus et fermez. Réservez le reste de tofu.

5. Préparez le hachis parmentier. Mettez le reste des panais, l'équivalent d'une carotte et d'une pomme de terre dans un plat. Salez, poivrez,

#Conseil nutrition
Le **panais** avec son agréable saveur sucrée est de la même famille que la carotte. Il est riche en fibres, source d'antioxydants, de potassium, de magnésium et de vitamines du groupe B. Préférez des panais de taille moyenne, les plus gros risquent d'être trop fibreux, et les plus petits auront tendance à se dessécher trop rapidement.

Préparation Menu #3

ajoutez 2 cuil. à soupe de persil, réduisez en purée avec une fourchette ou un presse-purée. Versez un peu de jus de cuisson pour que ce soit plus souple et 1 cuil. à café d'huile d'olive. Mettez le reste des cubes de tofu dans le fond d'un petit plat à gratin. Couvrez avec la purée. Filmez.

6. Préparez la poêlée de riz complet. Versez 1 cuil. à café d'huile d'olive dans la poêle et faites revenir les blancs de poireaux pendant 3 min puis ajoutez le riz. Mélangez bien puis ajoutez le reste des carottes. Couvrez d'eau, mélangez et laissez cuire à petits bouillons. Versez de l'eau à nouveau et laissez cuire. Le riz doit être moelleux. Mettez 1 cuil. à soupe de persil et de coriandre. Mélangez et réservez dans une boîte.

#Conseil nutrition
Si vous n'aimez pas le riz complet, choisissez un **riz basmati**. Ce dernier à l'index glycémique le plus bas de tous les riz blancs (il existe aussi des riz basmati complets à tester !). Un index glycémique bas est toujours à privilégier dans l'alimentation, car cela sollicite moins la sécrétion d'insuline par votre pancréas. De gros pics de glycémie générés par des repas trop riches en glucides favorisent les coups de barre d'après-repas et le stockage des graisses (donc la prise de poids).

7. Préparez le velouté de potimarron. Versez 1 cuil. à café d'huile d'olive dans une casserole et faites revenir l'oignon pendant 2 min. Ajoutez une pointe de massala, mélangez pour que cela grille légèrement et ajoutez le potimarron. Mélangez et couvrez à hauteur d'eau. Laissez mijoter 15 min. Versez la crème de coco et 1 cuil. à soupe de coriandre. Mixez. Goûtez et salez si nécessaire. Versez dans une bouteille.

> **#Conseil nutrition**
> Il est important que vous n'ayez dans vos placards de cuisine que des **produits sains**. Cela évitera toute tentation inutile vers des aliments trop gras, trop sucrés et/ou trop salés. Personne chez vous n'a besoin de produits de mauvaise qualité nutritionnelle.

8. Préparez les calamars. Pressez 1 citron. Versez 1 cuil. à café d'huile d'olive dans une poêle, ajoutez l'ail et faites griller les calamars pendant 5/8 min. Déglacez avec le jus de citron. Salez et poivrez, parsemez de persil. Mettez dans une boîte.

9. Préparez la salade de fenouil. Mettez dans un bol 1 cuil. à soupe de vinaigre de riz et 2 cuil. à café d'huile d'olive. Salez et poivrez. Émulsionnez. Déposez le fenouil et les oranges dans une boîte, ajoutez 2 cuil. à soupe d'aneth, versez la vinaigrette et mélangez. Fermez la boîte.

10. Mettez les rondelles de betterave dans une boîte. Pressez le dernier citron, versez le jus dans la boîte et salez légèrement à la fleur de sel. Fermez la boîte.

11. Mettez le restant des herbes dans des boîtes.

Tout est prêt ! Laissez refroidir.

Placez au réfrigérateur :

* Le pot-au-feu (se conserve 2 jours)
* La poêlée de riz complet (se conserve 3 jours)
* Le velouté de potimarron (se conserve 4 jours)
* Les calamars (se conservent 3 jours)
* La salade de fenouil (se conserve 3 jours)
* La boîte contenant la betterave (se conserve 4 jours)
* Les herbes fraîches (se conservent 5 jours)
* Les tranches d'ananas (se conservent 2 jours)

Placez au congélateur :

* Le hachis parmentier

Résultat Menu #3

Menu #3

Lundi

Pot-au-feu veggie

Temps de réchauffage :
10 min

Ingrédients : le pot-au-feu, un peu de persil et de coriandre.
Versez les légumes et le tofu dans une casserole et réchauffez à feu doux. Ajoutez un peu de persil et de coriandre.

Mardi

Poêlée de riz complet et légumes

Temps de réchauffage :
10 min

Ingrédients : la poêlée de riz complet.
Réchauffez le riz complet aux légumes à feu doux dans une poêle.

Mercredi

Salade de fenouil à l'orange et aneth et calamars grillés

Temps de réchauffage :
10 min

Ingrédients : les calamars, la salade de fenouil.
Réchauffez les calamars dans une poêle et versez la salade dans un bol.

Jeudi

Velouté de potimarron, crème de coco, pointe de massala et coriandre

Temps de réchauffage :
10 min

Ingrédients : le velouté de potimarron, 1 tranche de pain complet, le reste de coriandre.
Faites griller la tranche de pain et coupez-la en cubes. Réchauffez le velouté à feu doux dans une casserole. Versez dans un bol et parsemez de croûtons et de coriandre fraîche.

Sortez le hachis parmentier du congélateur et mettez-le au réfrigérateur pour le lendemain.

Vendredi

Hachis parmentier de panais

Temps de cuisson :
15 min

Ingrédients : le hachis, le reste d'herbes.
Préchauffez le four à 180 °C (th. 6). Enfournez pour 15 min. Parsemez d'herbes fraîches.

Encas

- **Tranches d'ananas à la vanille**
- **Betterave rose au citron et fleur de sel à croquer**

Consommez les tranches d'ananas à la vanille le lundi ou le mardi et les betteraves roses le reste de la semaine. Ne les conservez pas plus de 5 jours.

#Conseil nutrition
L'ananas est connu pour favoriser la digestion et empêcher les maux d'estomac. Cela est dû à la broméline contenue dans sa tige. Quant à la légende qui prétend qu'il s'attaquerait aux réserves de lipides et brûlerait les surplus de graisses, rien n'est prouvé scientifiquement !

#Conseil nutrition

Faites toujours **vos courses le ventre plein.** Lorsqu'on est affamé, nous avons tous tendance à acheter plus de nourriture, et en particulier de la malbouffe ! On se tourne vers des aliments plus gras et plus sucrés, à surtout éviter dans une démarche de perte de poids.

Menu #4

Courses Menu #4

Légumes / Fruits

- 1 chicorée
- 1 petit potimarron
- 1 tranche de potiron
- 200 g de choux de Bruxelles
- 1 petit chou-fleur
- 3 topinambours
- 4 carottes de plusieurs couleurs
- 1 oignon
- Quelques brins de persil
- Quelques brins de coriandre
- 2 gousses d'ail
- Quelques brins de thym
- 1 citron
- 7 figues

#Conseil nutrition
Comme toutes les salades, la **chicorée** est riche en vitamine B9, également appelée acide folique. Cette vitamine est indispensable, notamment pour la femme enceinte ou qui désire l'être. La chicorée est également une belle source de calcium et de potassium.

Viande / Poisson

- 1 cuisse de poulet fermier
- 1 dos de colin

Placard de base

- 1 cuil. à café de curry
- 1 pincée de cannelle
- 1 pincée de vanille
- Vinaigre
- Moutarde
- Huile d'olive
- Poivre
- Sel

Épicerie

- 60 g de riz sauvage
- 1 cuil. à café de purée d'amandes
- 100 g de graines de courge
- 2 cuil. à soupe d'amandes effilées
- 50 g de chocolat extra noir

Crémerie

- 30 g de chèvre frais
- 2 cuil. à soupe de crème fraîche

Lundi

Figues farcies au chèvre et rôties au four, salade de chicorée

Mardi

Cuisse de poulet grillée, ail en chemise et légumes d'automne

Mercredi

Curry de courges, coriandre, graines grillées et riz sauvage

Jeudi

Papillote de chou de Bruxelles et de poisson blanc

Vendredi

Crème de chou-fleur à la purée d'amande et amandes effilées grillées

Encas

- Graines de courge enrobées de chocolat
- Compotée de figues

Préparation Menu #4

Au préalable

1) Si vous avez suffisamment de place, sortez les ingrédients dont vous allez avoir besoin pendant la session de cuisine.

2) Sortez les ustensiles nécessaires :

* 1 cocotte
* 1 poêle
* 2 plats à four (1 moyen + 1 petit)
* 3 casseroles
* 1 passoire
* 1 essoreuse à salade
* 1 mixeur
* 1 économe
* 2 bols
* 1 pot en verre type pot à confiture
* 12 boîtes ou récipients hermétiques
* Essuie-tout, film alimentaire, papier sulfurisé

C'est parti pour 2 h en cuisine !

1. Commencez par préparer les légumes. Lavez la chicorée et essorez-la. Conservez dans une boîte. Coupez le potimarron en deux, enlevez les graines et détaillez-le en cubes. Tranchez la peau du potiron et coupez-le en cubes. Réservez dans un bol avec le potimarron. Préparez les choux de Bruxelles, enlevez les premières petites feuilles, coupez-les en deux et lavez-les. Détaillez le chou-fleur en petits bouquets et lavez-les sous l'eau claire. Frottez les topinambours, passez-les sous l'eau et coupez-les en morceaux. Épluchez les carottes et coupez-les en biseaux. Épluchez et ciselez l'oignon. Lavez le persil et la coriandre, séchez-les avec du papier essuie-tout et ciselez-les.

2. Commencez par faire blanchir les choux de Bruxelles 5 min dans une casserole d'eau bouillante. Égouttez-les.

3. Préparez la cuisse de poulet grillée. Préchauffez le four à 180 °C (th. 6). Déposez dans un plat à four la cuisse de poulet, ajoutez tout autour les carottes et les topinambours. Déposez les gousses d'ail en chemise. Versez 1 cuil. à soupe d'huile d'olive, salez, poivrez et parsemez de thym (1 brin). Enfournez pour 35 min. Filmez le plat après refroidissement.

4. Préparez la papillote de choux de Bruxelles. Déposez une feuille de papier sulfurisé devant vous. Mettez les choux de Bruxelles au centre. Pressez le jus de ½ citron et réservez l'autre moitié dans une boîte. Déposez le dos de colin, ajoutez 1 cuil. à soupe d'huile d'olive, le jus du citron, salez et poivrez. Fermez bien la papillote et enfournez pour 15 min. Réservez dans une boîte.

5. Préparez les figues farcies. Passez toutes les figues sous l'eau, ouvrez-en 3 légèrement en croix et farcissez-les de chèvre frais, parsemez des feuilles d'un brin de thym puis versez 1 cuil. à soupe d'huile d'olive. Enfournez pour 15 min. Filmez le plat lorsqu'il a refroidi.

#Conseil nutrition

Avec leur saveur à la fois douce et discrète, les **poissons blancs** ont quasiment tous le même profil nutritionnel, à savoir une richesse en protéines, tout en étant pauvres en glucides. Ils sont une source importante de calcium et de phosphore, ainsi que de fer, de cuivre et de sélénium. Ceux d'eau de mer ont également une forte teneur en iode. Variez les plaisirs avec du cabillaud, du merlan, du merlu, du bar, du colin, ou même de l'églefin.

Préparation Menu #4

6. Faites cuire le riz sauvage selon les indications sur le paquet. Égouttez et conservez dans une boîte.

7. Préparez le curry de courges. Versez 1 cuil. à soupe d'huile d'olive dans une cocotte et faites-y revenir l'oignon pendant 3 min. Ajoutez 1 cuil. à café de curry, mélangez puis ajoutez les courges. Mélangez et couvrez à hauteur avec de l'eau. Laissez mijoter 15/20 min. Versez la crème, salez et poivrez à votre goût. Mélangez et parsemez de 2 cuil. à soupe de coriandre. Réservez dans une boîte.

8. Préparez la crème de chou-fleur. Mettez le chou-fleur dans une casserole, couvrez d'eau et faites cuire 15 min. Réservez le jus de cuisson dans un verre. Ajoutez la purée d'amande, salez et poivrez puis mixez. Versez de l'eau de cuisson au fur et à mesure si besoin. Versez dans une boîte.

9. Préparez une vinaigrette. Mettez ½ cuil. à café de moutarde dans un bol, ajoutez 1 cuil. à café de vinaigre de cidre et 1 cuil. à soupe d'huile d'olive. Émulsionnez et réservez dans un pot.

10. Faites griller à sec dans une poêle 1 cuil. à soupe de graines de courge. Réservez dans une petite boîte.

#Conseil nutrition
Les **graines de courge** sont riches en protéines (environ 20 %), fibres, antioxydants, vitamines et minéraux tels que du magnésium et du calcium. Elles possèdent un IG (Index Glycémique) bas et leur partie lipidique est composée d'acide oléique, connu pour augmenter le bon cholestérol.

> **#Conseil nutrition**
> Un **dîner pris tôt** dans la soirée laissera suffisamment de temps à votre organisme pour digérer, sans être entravé par la gestion du sommeil. Ce dernier sera aussi nettement plus récupérateur. Une étude sur plus de 5000 personnes montrerait que les personnes qui dînent tôt auraient un tour de taille de 5 cm inférieur à ceux qui dînent tard. Terminez donc votre repas au moins 1 h 30 à 2 h avant de vous coucher.

11. Faites ensuite griller les amandes effilées. Réservez dans une boîte.

12. **Préparez la compotée de figues.** Coupez les 4 figues restantes en morceaux. Mettez-les dans une casserole avec un peu d'eau, ajoutez 1 pincée de cannelle et de vanille et faites cuire 10 min à feu doux. Mettez dans une boîte.

13. Faites fondre le chocolat, ajoutez le reste des graines de courge. Mélangez et laissez refroidir sur une assiette. Conservez dans une boîte.

14. Mettez les herbes ciselées dans des boîtes.

Tout est prêt ! Laissez refroidir.

Placez au réfrigérateur :
* La chicorée (se conserve 3 jours)
* Le plat contenant la cuisse de poulet grillée avec les légumes (se conservent 3 jours)
* Les figues farcies au chèvre (se conservent 2 jours)
* Le riz sauvage (se conserve 4 jours)
* Le curry de courges (se conserve 3 jours)
* Le 1/2 citron (se conserve 4 jours)
* Le pot de vinaigrette (se conserve 5 jours)
* Les herbes fraîches (se conservent 5 jours)
* Les graines de courge grillées (se conservent 5 jours)
* Les amandes effilées (se conservent 4 jours)
* Les figues épicées (se conservent 2 jours)

Placez au congélateur :
* La boîte contenant la papillote de choux de Bruxelles
* La crème de chou-fleur

Laissez dehors :
* Les graines de courge chocolatées

> **#Conseil nutrition**
> Il est inutile d'ajouter du sucre dans vos **compotes**, surtout quand elles sont composées de fruits aussi sucrés que la figue (13,5 g de glucides pour 100 g). De manière générale, essayez toujours de réduire votre consommation de sucre, votre santé et votre poids ne s'en porteront que mieux.

Résultat Menu #4

 Menu #4

Lundi

Figues farcies au chèvre et rôties au four, salade de chicorée

Temps de cuisson :
10/12 min

Ingrédients : les figues farcies auw chèvre, la chicorée, la vinaigrette, un peu de persil et de coriandre.
Préchauffez le four à 180 °C (th. 6). Enfournez les figues farcies pour 10/12 min. Versez la vinaigrette dans un bol, ajoutez la chicorée, parsemez de persil et de coriandre. Mélangez bien.

Mardi

Cuisse de poulet grillée, ail en chemise et légumes d'automne

Temps de cuisson :
15 min

Ingrédients : la cuisse de poulet grillée avec les légumes.
Préchauffez le four à 180 °C (th. 6). Enfournez le plat recouvert de papier aluminium et laissez cuire 10 min, puis ôtez l'aluminium et laissez encore cuire 5 min à découvert.

Mercredi

Curry de courges, coriandre, graines grillées et riz sauvage

Temps de réchauffage :
10 min

Ingrédients : le curry de courges, le riz sauvage, les graines de courge grillées, la coriandre restante.
Réchauffez à feu doux le curry et le riz. Saupoudrez de coriandre et ajoutez quelques graines de courge grillées.

Sortez la papillote de chou de Bruxelles du congélateur et placez-la au réfrigérateur pour le lendemain.

Jeudi

Papillote de chou de Bruxelles et de poisson blanc

Temps de réchauffage :
8 min

Ingrédients : la papillote de chou de Bruxelles, ½ citron, les herbes restantes.
Réchauffez la papillote au cuit-vapeur ou au four préchauffé à 180 °C (th. 6) pendant 8 min. Ouvrez, parsemez d'herbes et pressez le citron dessus.

Sortez la crème de chou-fleur du congélateur et placez-la au réfrigérateur pour le lendemain.

Vendredi

Crème de chou-fleur à la purée d'amandes et amandes effilées grillées

Temps de réchauffage :
10 min

Ingrédients : la crème de chou-fleur, les amandes effilées.
Faites réchauffer à feu doux la crème de chou-fleur. Parsemez d'amandes effilées.

#Conseil nutrition
Tout comme les oléagineux, les **purées d'oléagineux** sont des produits sains qui apportent des bénéfices nets sur votre santé. Elles sont très riches en « bon gras », des acides gras insaturés indispensables au bon fonctionnement de nos organismes. Il est toutefois important d'avoir une consommation raisonnable, car ce sont des produits qui apportent un nombre important de calories : environ 600 kcal pour 100 g (à titre de comparaison, le beurre se situe à 730 Kcal pour 100 g).
Vous pouvez trouver de la purée d'amandes blanches, semi-complètes ou complètes.

Encas

- **Graines de courge enrobées de chocolat noir**
- **Compotée de figues**

Consommez la compotée de figues le lundi ou le mardi et les graines de courges le reste de la semaine.

Hiver

#Conseil nutrition

Soyez vigilant sur votre **consommation de sel**. Les Français consomment en moyenne 8 g de sel par jour, soit presque deux fois plus que les recommandations de l'OMS. Goutez toujours vos plats avant de les saler, et ayez une consommation raisonnable de produits pourvoyeurs de sel : les bouillons industriels, la charcuterie, le pain, le fromage, les conserves…

Menu #1

Courses Menu #1

Légumes / Fruits

* 3 pommes de terre
* ½ chou rouge
* ½ céleri + 1 branche de céleri
* ½ courge butternut
* 4 blancs de poireaux
* 2 carottes
* 1 betterave crue
* 1 oignon rouge
* 1 oignon blanc
* 1 bouquet de persil
* ½ botte de coriandre
* 1 pomme
* 3 oranges bio

Placard de base

* Huile d'olive
* 1 cuil. à soupe de concentré de tomates
* 1 cuil. à café de curry doux
* Vinaigre de cidre
* Sel
* Poivre

Viande / Poisson

* 25 g de lardons de bacon
* 2 petites côtelettes de veau ou 1 escalope de veau
* 5 noix de saint-jacques

Épicerie

* 1 cuil. à café de fleur d'oranger
* 1 pincée de sucre de bouleau
* 1 petit bocal de marrons au naturel
* 1 feuille de laurier
* 200 g de chocolat extra noir
* 60 g de mélange d'oléagineux (noix de cajou, amandes, noisettes)
* 60 g de lentilles roses
* 1 feuille de combawa
* 1 berlingot de lait de coco

#Conseil nutrition
Les **marrons** sont riches en glucides, considérez-les donc comme des « semi-féculents ». Ils présentent un index glycémique bas et sont de bons pourvoyeurs de fibres et d'antioxydants.

Lundi

Cocotte de chou rouge, pomme fruit et marrons

Mardi

Veau grillé à l'orange et purée de céleri

Mercredi

Dahl de courge, lentilles roses au lait de coco, combawa, coriandre

Jeudi

Saint-jacques et purée poireau-pomme de terre

Vendredi

Potage bortsch veggie

Encas

- Salade d'orange à la fleur d'oranger
- Mendiants fruits secs

#Conseil nutrition
Le **potage bortsch** est une soupe à base de betterave aux origines slaves. Les potages vous permettent de faire le plein de légumes, essayez des recettes plus originales comme celle-ci pour varier les saveurs. À chaque repas, il est important d'avoir une part de féculents pour un bon équilibre de la glycémie et une belle satiété, comme ici avec de la pomme de terre.

Préparation Menu #1

Au préalable

1) Si vous avez suffisamment de place, sortez tous les ingrédients dont vous allez avoir besoin pendant la session de cuisine.

2) Sortez les ustensiles nécessaires :

- 1 cocotte
- 4 casseroles
- 1 poêle
- 1 presse-purée
- 1 râpe
- 1 économe
- 8 boîtes ou récipients hermétiques
- 1 petit bocal
- Essuie-tout, papier sulfurisé

C'est parti pour 2 h en cuisine !

1. Commencez par préparer les légumes.
Épluchez les pommes de terre et coupez-les en cubes. Passez le chou rouge sous l'eau et coupez-le grossièrement. Épluchez le céleri et coupez-le en cubes. Lavez la branche de céleri et hachez-la grossièrement. Épluchez la courge et coupez-la en petits morceaux. Coupez le vert des poireaux, incisez les blancs et hachez-les grossièrement. Épluchez les carottes et coupez-les en rondelles fines. Épluchez la betterave et râpez-la grossièrement. Épluchez et ciselez les oignons séparément. Passez le persil et la coriandre sous l'eau, séchez-les et ciselez-les.

2. Préparez ensuite les fruits. Pelez 2 oranges et coupez-les en rondelles fines. Mettez-les directement dans une boîte avec leur jus, ajoutez l'eau de fleur d'oranger et le sucre de bouleau. Fermez la boîte. Épluchez la pomme et coupez-la en quatre. Enlevez la partie dure du milieu.

3. Préparez la cocotte de chou rouge. Versez 1 cuil. à soupe d'huile d'olive dans le fond de la cocotte et faites revenir l'oignon blanc pendant 3 min, ajoutez les lardons de bacon, laissez cuire 2 min puis ajoutez le chou rouge. Mélangez bien et versez 1 petit verre d'eau. Couvrez la cocotte et laissez cuire 20 min. Déposez les morceaux de pomme sur le chou et ajoutez les marrons. Versez 1 filet de vinaigre de cidre, salez et poivrez. Couvrez et laissez encore cuire 15/20 min. Laissez refroidir et versez dans une boîte.

4. Préparez la purée de céleri. Réunissez dans une casserole l'équivalent d'une pomme de terre et le céleri en cubes. Couvrez d'eau et laissez mijoter 15 min. Vérifiez la cuisson, égouttez, salez et poivrez, ajoutez 1 cuil. à soupe de persil et écrasez au presse-purée. Réservez dans une boîte.

5. Préparez la marinade de veau. Zestez la dernière orange et pressez-la. Déposez le veau dans une boîte. Versez le jus d'orange, 1 cuil. à soupe d'huile d'olive, les zestes, du sel et du poivre. Retournez la viande afin de l'enrober de jus. Fermez.

#Conseil nutrition

Le **veau** est une viande intéressante, car elle apporte peu de lipides, moins que la viande de bœuf. Côté minéraux, le bœuf l'emporte avec un peu plus de fer, de sélénium, de cuivre et de manganèse. Vous l'aurez compris, il est important de varier le plus possible vos aliments afin d'obtenir les bienfaits nutritionnels de chacun.

Préparation Menu #1

6. Préparez le bortsch. Versez 1 cuil. à soupe d'huile d'olive dans une casserole de taille moyenne. Faites revenir l'oignon rouge pendant 1 min puis ajoutez les rondelles de carottes, les cubes de 1 pomme de terre, la betterave crue râpée, le chou rouge et le céleri haché. Mélangez et ajoutez le concentré de tomates, 1 cuil. à soupe de persil et la feuille de laurier. Salez, poivrez et couvrez d'eau. Laissez mijoter 20 min. Versez dans une boîte.

7. Préparez les mendiants. Faites fondre le chocolat noir au bain-marie. Déroulez une feuille de papier sulfurisé devant vous. Déposez des petits tas de chocolat et étalez-les avec une cuillère à soupe pour former des cercles. Déposez les oléagineux dessus. Laissez refroidir et figer. Décollez-les du papier sulfurisé et conservez-les dans une boîte.

8. Enchaînez avec le dahl de courge. Rincez les lentilles roses sous l'eau froide. Mettez les lentilles et les morceaux de butternut dans une casserole, saupoudrez de curry, ajoutez la feuille de combawa et couvrez d'eau. Salez et laissez cuire 15 min. Réservez un peu d'eau de cuisson dans un verre. Ajoutez le lait de coco et 3 cuil. à soupe de coriandre fraîche. Mélangez et placez dans une boîte.

#Conseil nutrition

Les **lentilles roses** sont aussi appelées lentilles corail. Comme chaque légumineuse, ces lentilles apportent des glucides et de nombreuses fibres qui vont vous procurer une grande satiété. Elles ont toutefois moins de fibres que les autres lentilles, car elles sont dépourvues de leurs peaux. Elles sont riches en protéines végétales, en vitamines du groupe B et sont donc très intéressantes au niveau nutritionnel.

Tout est prêt ! Laissez refroidir.

Placez au réfrigérateur :

* La salade d'orange au sucre de bouleau (se conserve 2 jours)
* La cocotte de chou rouge (se conserve 2 jours)
* La boîte contenant le veau et sa marinade (se conserve 2 jours)
* La purée de céleri (se conserve 3 jours)
* Le dahl de courge (se conserve 3 jours)
* Les herbes fraîches (se conservent 5 jours)

Placez au congélateur :

* Le bortsch
* La purée poireau-pomme de terre
* Les saint-jacques

Laissez dehors :

* Les mendiants

9. Préparez la purée poireau-pomme de terre.
Versez 1 cuil. à soupe d'huile d'olive dans une casserole et faites fondre les poireaux pendant 5 min. Ajoutez le reste de cubes de pommes de terre, couvrez d'eau et laissez cuire 10/15 min. Égouttez et ajoutez 1 cuil. à soupe de persil et écrasez au presse-purée. Versez dans une boîte.

10. Rincez les noix de saint-jacques sous l'eau claire et épongez-les. Versez 1 cuil. à soupe d'huile d'olive dans une poêle et faites-les saisir 2 min de chaque côté. Déglacez avec un trait de vinaigre de cidre, salez et poivrez. Conservez dans une boîte.

#Conseil nutrition
Pour consommer de bonnes **noix de saint-jacques**, il est préférable de vous rendre chez un poissonnier et de choisir des noix en coquilles, fraîches et vivantes. Vous pouvez vous orienter vers des noix bretonnes. En plus de consommer français, elles ne sont pas trempées (pour être engorgées d'eau et peser plus lourd), car cette technique est totalement interdite dans notre pays.

11. Mettez le reste de persil dans un bocal.

Résultat Menu #1

Lundi

Cocotte de chou rouge, pomme fruit et marrons

Temps de réchauffage :
10 min

Ingrédients : la cocotte de chou rouge, la moitié du persil.
Réchauffez à feu doux la cocotte pendant 10 min.
Parsemez de persil frais ciselé.

Mardi

Veau grillé à l'orange et purée de céleri

Temps de cuisson et réchauffage :
5 min

Ingrédients : la purée de céleri, le veau et sa marinade.
Réchauffez à feu doux la purée de céleri. Pendant ce temps, faites chauffer une poêle et faites cuire le veau pendant 3 à 4 min ou selon votre goût. Versez le jus en fin de cuisson pour décoller les sucs.

Mercredi

Dahl de courge, lentilles roses au lait de coco, combawa, coriandre

Temps de réchauffage :
5/6 min

Ingrédients : le dahl de courge.
Versez le dahl dans une casserole et réchauffez-le doucement pendant 5/6 min.

Sortez les saint-jacques et la purée du congélateur et laissez-les au réfrigérateur jusqu'au lendemain.

Jeudi

Saint-jacques et purée poireau-pomme de terre

Temps de réchauffage :
8 min

Ingrédients : les saint-jacques, la purée poireau-pomme de terre.
Versez la purée dans une casserole et réchauffez-la à feu doux pendant 5 min. Déposez les noix de saint-jacques dessus, couvrez et laissez-les réchauffer quelques minutes.

Sortez le bortsch du congélateur et placez-le au réfrigérateur pour le lendemain.

Vendredi

Potage bortsch veggie

Temps de réchauffage :
5 min

Ingrédients : le bortsch, le reste de persil.
Réchauffez le bortsch à feu doux pendant 5 min. Saupoudrez de persil et poivrez selon les goûts.

Encas

- **Salade d'orange à la fleur d'oranger**
- **Mendiants fruits secs**

Dégustez la salade d'orange le lundi ou le mardi et les mendiants le reste de la semaine.

#Conseil nutrition
L'**orange** est une superbe source de vitamines et principalement de vitamine C. Cet agrume vous apporte des fibres, du calcium, du magnésium et stimule votre système immunitaire. Des indispensables à consommer en cette saison pour lutter contre la fatigue et les coups de froid hivernaux.

#Conseil nutrition

Ne croyez pas en l'impossible. Aucune technique miracle, pilule de complément alimentaire, suppression de groupes d'aliments, restriction alimentaire ne vous fera perdre de poids, ou tout du moins pas dans le temps. Fiez-vous au bon sens, à l'équilibre alimentaire qui vous apportera votre poids idéal, mais aussi une bonne santé avec un organisme qui fonctionne correctement.

Menu #2

Courses Menu #2

Légumes / Fruits

- 5 panais
- 1 petite tête de chou-fleur
- 4 bouquets de brocoli
- 5 carottes
- 1 pomme de terre
- 1 échalote
- 1 oignon
- 1 pouce de gingembre
- 1 petit bouquet de persil
- 5 brins de thym
- 2 citrons
- ½ avocat
- 2 branches de litchis
- 1 grenade

Viande / Poisson

- 200 g de lotte en morceaux
- 1 côte de porc
- 500 g de moules nettoyées

Épicerie

- 1 boîte de 225 g de pois chiches
- 120 g de lentilles corail
- 60 g de semoule fine
- 1 petit verre de blanc sec

Placard de base

- Huile d'olive
- 1 cuil. à café de curry vert
- 1 bouquet garni
- 1 pincée de cumin en poudre
- 1 cuil. à café de tahin
- Huile de sésame
- Moutarde en grains
- 1 feuille de laurier
- Piment d'Espelette
- Sel
- Poivre

Crémerie

- 3 cuil. à soupe de crème fraîche

Boulangerie

- 1 tranche de pain complet

#Conseil nutrition
Le **tahin**, ou purée de sésame, est l'élément clé du houmous. Le tahin va apporter des lipides qualitatifs et des protéines végétales. La portion utilisée reste faible, mais le tahin est riche en fibres, en phosphore, en magnésium, en potassium, en calcium, en sélénium et en fer.

Lundi

Moules marinières et frites de panais au four

Mardi

Chou-fleur et brocoli vapeur, semoule fine et houmous au cumin

Mercredi

Curry vert de lotte et légumes

Jeudi

Velouté de lentilles corail, carottes, gingembre et persil frais

Vendredi

Côte de porc grillée à la moutarde en grains et purée panais-carotte

Encas

- Litchis et grenade au gingembre
- Tartine à l'avocat

#Conseil nutrition
Faire une **collation** de ce type est intéressant si vous avez eu un déjeuner léger, si votre dîner est tardif ou si vous avez une séance de sport en fin de journée par exemple. De manière générale, les collations salées sont plus ravissantes que les encas sucrés.

Préparation Menu #2

Au préalable

1) Si vous avez suffisamment de place, sortez tous les ingrédients dont vous allez avoir besoin pendant la session de cuisine.

2) Sortez les ustensiles nécessaires :

- 1 cuit-vapeur
- 1 mixeur plongeant
- 1 blender
- 2 cocottes
- 2 casseroles
- 1 poêle
- 1 plaque à four
- 1 économe
- 1 bol
- 1 bouteille en verre
- 8 boîtes ou récipients hermétiques
- 1 petit sachet à fermeture hermétique
- Essuie-tout, papier sulfurisé, film alimentaire

C'est parti pour 2 h en cuisine !

1. Commencez par préparer les légumes. Épluchez les panais et coupez-en 2 en frites. Coupez le tronc du chou-fleur et détaillez-le en bouquets. Passez les bouquets de brocoli sous l'eau claire. Épluchez et coupez en dés les carottes et la pomme de terre. Épluchez et ciselez l'échalote et l'oignon. Pelez et hachez le gingembre. Passez le persil sous l'eau claire, séchez-le et ciselez-le finement.

2. Préparez les frites de panais. Préchauffez le four à 180 °C (th. 6). Déposez les frites de panais sur une plaque à four garnie de papier sulfurisé. Versez 1 cuil. à café d'huile d'olive, parsemez des feuilles d'un brin de thym, salez et poivrez. Enfournez pour 15 min, retournez les frites et

enfournez à nouveau pour 15/20 min. Réservez dans une boîte.

3. Préparez le chou-fleur et le brocoli vapeur. Mettez le chou-fleur dans le panier vapeur, ajoutez 1 bouquet de brocoli. Faites cuire pendant 12/15 min. *Al dente*, c'est meilleur ! Réservez dans une boîte.

4. Préparez le curry vert de lotte. Rincez les morceaux de lotte sous l'eau froide et épongez-les bien. Versez un 1 cuil. à café d'huile d'olive dans une cocotte. Faites revenir l'oignon pendant 3 min, ajoutez 1 cuil. à café de curry vert, mélangez puis incorporez les cubes de 2 carottes et de la pomme de terre. Mélangez bien, versez 1 verre d'eau et laissez mijoter 15 min. Incorporez la lotte et le reste de brocoli. Enrobez-les de sauce, couvrez d'eau et laissez mijoter à feu doux 15/20 min. Ajoutez 1 bonne cuil. à soupe de pois chiches, 2 cuil à soupe de crème fraîche et mélangez bien. Versez dans une boîte.

5. Préparez le velouté de lentilles corail. Rincez les lentilles sous l'eau claire. Mettez-les dans une casserole avec les cubes de 1 carotte et les lentilles dans une casserole. Ajoutez le bouquet garni, remplissez d'eau et laissez mijoter 15 min. Enlevez un peu d'eau, ajoutez 1 pincée de gingembre frais, 1 cuil. à soupe de persil frais et 1 cuil. à soupe de

#Conseil nutrition
Utiliser un **bouquet garni** dans vos préparations permet de remplacer les cubes de bouillon. Ce sont des préparations industrielles qui s'avèrent pratiques, mais extrêmement salées et qui contiennent le plus souvent de l'huile de palme, des colorants et autres additifs alimentaires.

Préparation Menu #2

crème fraîche. Mixez en texture lisse et onctueuse. Goûtez, salez et poivrez. Versez dans une bouteille.

6. Pour la purée panais-carotte, mettez les restes de carottes et de panais dans une casserole. Couvrez d'eau et laisse cuire 20 min. Égouttez, mixez en purée, ajoutez 1 cuil. à soupe d'huile d'olive, du sel et du poivre. Versez dans une boîte.

7. Préparez le houmous au cumin. Pressez 1 citron. Mettez 100 g de pois chiches avec un peu de liquide dans le blender. Versez le jus de citron, ajoutez 1 pincée de cumin, 1 pincée de sel, le tahin et mixez. Versez encore un peu de liquide de la boîte de pois chiches si nécessaire. Mixez. Placez dans une boîte et versez 1 cuil. à café d'huile de sésame.

8. Mettez la semoule dans un bol, ajoutez de l'eau chaude selon les indications sur le paquet, 1 cuil. à café d'huile d'olive. Laissez gonfler, égrainez et conservez dans une boîte.

9. Tartinez la côte de porc de moutarde en grains. Faites-la griller dans une poêle 3 min de chaque côté. Réservez dans une boîte.

10. Préparez les moules marinières. Versez dans une cocotte 1 cuil. à café d'huile d'olive et faites revenir l'échalote pendant 1 min. Ajoutez les

#Conseil nutrition

Les **moules** sont d'excellentes sources de vitamines du groupe B et d'oméga-3. Tout comme les autres mollusques, elles sont riches en protéines tout en étant pauvres en calories (69 kcal pour 100 g). Leur complexe d'acides gras, de fer, de zinc et de sélénium rend les moules particulièrement intéressantes au niveau nutritionnel et rentre dans la prévention de pathologies cardiovasculaires.

moules, le vin blanc, la feuille de laurier, 4 brins de thym et parsemez de 2 cuil. à soupe de persil frais. Couvrez et laissez cuire 6 min. Réservez.

11. Préparez la tartine à l'avocat. Épluchez l'avocat et mettez-le dans un bol, ajoutez 1 cuil. à soupe de jus de citron, du sel, du poivre et du piment d'Espelette. Écrasez à l'aide d'une fourchette. Étalez sur la tranche de pain complet et saupoudrez de persil frais. Placez dans une boîte.

12. Préparez les litchis et la grenade. Épluchez les litchis et enlevez les noyaux. Faites-le au-dessus d'une boîte pour récupérer le jus. Coupez la grenade en deux, retournez les moitiés au-dessus de la boîte et tapotez avec une fourchette pour faire tomber les graines. Versez 1 cuil. à soupe de jus de citron et ajoutez 1 pincée de gingembre. Mélangez bien.

13. Mettez le persil restant dans un bocal.

#Conseil nutrition
Les **poêles antiadhésives** sont parfaites pour limiter les apports en matières grasses ajoutées. Veillez cependant à ce qu'elles ne soient ni vieilles ni abîmées. Les études sur la migration de composés perfluorés sont rassurantes, mais par principe de précaution, remplacez vos poêles si elles sont rayées.
Retenez surtout que les graisses ne sont pas à fuir, c'est l'excès de graisse qui est préjudiciable à la perte de poids !

Tout est prêt ! Laissez refroidir.

Placez au réfrigérateur :

* Les frites de panais (se conservent 2 jours)
* Les légumes vapeur (se conservent 2 jours)
* Le curry de lotte (se conserve 3 jours)
* Le velouté de lentilles (se conserve 4 jours)
* Le houmous (se conserve 3 jours)
* La semoule (se conserve 3 à 4 jours)
* Les moules marinières (se conservent 1 jour)
* La boîte contenant les fruits (se conservent 3 jours)
* Le bocal de persil (se conserve 5 jours)
* La tartine d'avocat (se conserve 1 jour)

Placez au congélateur :

* La côte de porc
* La purée panais-carotte

#Conseil nutrition
Si vous n'avez pas l'habitude de consommer des **fibres**, augmentez progressivement votre consommation. Les fibres alimentaires peuvent être irritantes pour des systèmes digestifs trop habitués aux produits raffinés. Rassurez-vous, en augmentant progressivement votre consommation, votre organisme s'adaptera et vous n'en obtiendrez que des bienfaits.

Résultat Menu #2

À faire chaque soir Menu #2

Lundi

Moules marinières et frites de panais au four

Temps de réchauffage :
10 min

Ingrédients : les moules, les frites de panais.
Faites réchauffer les moules à feu doux. Réchauffez les frites de panais rapidement dans une poêle sans gras.

Mardi

Chou-fleur et brocoli vapeur, semoule fine et houmous au cumin

Temps de réchauffage :
10 min

Ingrédients : le chou-fleur et le brocoli, la semoule, le houmous.
Réchauffez à la vapeur ou au bain-marie les légumes et la semoule pendant 10 min. Sortez le houmous, mettez-le dans un bol et mélangez bien. Dégustez ensemble.

Mercredi

Curry vert de lotte et légumes

Temps de réchauffage :
10 min

Ingrédients : le curry de lotte, du persil frais.
Faites réchauffer à feu doux le curry vert et saupoudrez de persil frais.

Jeudi

Velouté de lentilles corail, carottes, gingembre et persil frais

Temps de réchauffage :
5 min

Ingrédients : le velouté de lentilles.
Versez le velouté dans une casserole et réchauffez-le à feu doux pendant 5 min.

Sortez la purée et la côtelette de porc du congélateur et placez-les au réfrigérateur pour le lendemain.

Vendredi

Côte de porc grillée à la moutarde en grains et purée panais-carotte

Temps de réchauffage :
10 min

Ingrédients : la côte de porc, la purée de panais-carotte, le reste du persil, huile d'olive.
Versez la purée dans une grande casserole, ajoutez 1 cuil. à café d'huile d'olive et réchauffez à feu doux. Déposez la viande sur la purée. Couvrez et laissez-la réchauffer. Parsemez de persil et de poivre.

Encas

- **Litchis et grenade au gingembre**
- **Tartine à l'avocat**

Dégustez la tartine à l'avocat le lundi.
Réservez les litchis pour le reste de la semaine.

#Conseil nutrition
La **grenade** est un fruit doté d'antioxydants avec de nombreux tanins, des anthocyanes, et de la vitamine C. Elle possède des propriétés anti-inflammatoires et anti-infectieuses. Elle est assez difficile à éplucher proprement, aidez-vous de tutos sur internet pour découvrir ses secrets.

#Conseil nutrition

Notre alimentation est souvent influencée par nos **émotions**. Si vous avez envie de manger lorsque vous êtes stressé, en cas de baisse de moral, lorsque vous êtes fatigué, après une dispute ou une contrariété, il est important de faire un travail sur vos émotions.

Lorsqu'elles vous envahissent, ne cédez pas à la tentation de vous remplir *via* l'alimentation. Trouvez une autre manière pour vous soulager : du sport, de la méditation, du yoga, de la sophrologie, l'aromathérapie… Les possibilités sont nombreuses et vous trouverez celle qui vous convient le mieux. Faites-vous entourer d'un professionnel de la santé comme un diététicien, c'est une solution pour vous aider à résoudre vos envies compulsives.

Menu #3

Courses Menu #3

#Conseil nutrition
Attention, **l'oseille** est riche en acide oxalique, remplacez donc cet aliment si vous souffrez de troubles hépatiques et rénaux, de goutte, de rhumatismes et d'arthrite.

Légumes / Fruits

- 2 carottes
- 1 botte de pousses d'oseille
- 3 navets nouveaux
- 1 oignon blanc
- 1 gousse d'ail
- 2 betteraves
- 1 pouce de gingembre
- 3 choux pak-choï
- ½ botte de persil
- 1 botte d'aneth
- 1 mangue
- 1 citron vert

Viande / Poisson

- 1 cuisse de lapin
- 1 filet de saumon sans peau ni arêtes (env. 110 g)

Crémerie

- 2 œufs (dont 1 extra-frais pour vendredi)

Épicerie

- 125 g de flocons d'avoine
- 75 g de compote de pommes sans sucres ajoutés
- 25 g de raisins de Corinthe
- 50 g de lentilles blondes
- 50 g de kasha
- 3 pruneaux
- 50 g de riz sauvage
- 1 boîte de tomates concassées
- 200 g de pois chiches
- 1 petit sachet de bonite séchée

Placard de base

- 1 bouquet garni
- Sirop d'érable
- Sucre roux
- Tamari ou sauce soja
- Farine de sarrasin
- Piment fort
- Huile d'olive
- Poivre parfumé en grains
- Poivre
- Gros sel
- Sel

Lundi

Bowl de lentilles tièdes, carottes et pousses d'oseille, saumon gravelax à l'aneth

Mardi

Lapin aux pruneaux, oignon blanc et navets nouveaux, riz sauvage

Mercredi

Papillote de betteraves au gingembre et bol de kasha

Jeudi

Okonomiyaki : crêpe japonaise aux légumes et farine de sarrasin

Vendredi

Lablabi : soupe de pois chiche et œuf

Encas

- Barres de céréales aux raisins de Corinthe
- Soupe de mangue au citron vert

#Conseil nutrition

L'oignon permet d'ajouter de la saveur dans vos plats, tout en étant peu calorique (39 Kcal/100 g). Il participe à votre apport quotidien en fibres (1,7 g/100 g) qui stimulent le transit. L'oignon est riche en antioxydants et en composés soufrés (tout comme l'ail), connus pour leur effet protecteur sur le système cardiovasculaire et contre certains cancers. Il est également une source intéressante de potassium et de sélénium.

Préparation Menu #3

Au préalable

1) Si vous avez suffisamment de place, sortez les ingrédients dont vous allez avoir besoin pendant la session de cuisine (tous sauf l'œuf extra-frais).

2) Sortez les ustensiles nécessaires :

* 1 blender
* 1 moule à cake
* 1 économe
* 1 essoreuse à salade
* 1 mortier
* 2 petits bols
* 2 grands bols
* 3 casseroles
* 3 poêles
* 1 cocotte
* 1 passoire fine
* 1 bouteille en verre
* 5 boîtes ou récipients hermétiques de taille moyenne
* 1 bocal
* Essuie-tout, papier sulfurisé, papier d'aluminium, film alimentaire

C'est parti pour 2 h en cuisine !

1. Commencez par préparer les légumes et les fruits. Lavez les carottes et épluchez-les. Détaillez-en 1 en petits cubes et râpez l'autre. Réservez dans 2 bols différents. Coupez les tiges de l'oseille et lavez les feuilles plusieurs fois. Essorez-les. Coupez les fanes des navets, lavez-les et essorez-les. Lavez ensuite les navets, épluchez-les et coupez-les en quatre. Épluchez et ciselez l'oignon blanc et l'ail. Épluchez les betteraves et coupez-les en quatre. Épluchez le gingembre et râpez-le finement. Lavez les feuilles et le blanc des choux chinois, hachez-les finement. Passez sous l'eau le persil et l'aneth, séchez-les et ciselez-les finement. Épluchez la mangue et coupez-la en morceaux, réservez dans un bol avec le jus. Pressez le jus du citron vert.

2. Préparez la soupe de mangue pour éviter qu'elle ne s'oxyde. Mettez les morceaux de mangue et le jus dans un blender. Versez le jus de citron et mixez en soupe. Versez dans une bouteille en verre.

3. Enchaînez avec la papillote de betteraves. Préchauffez le four à 180 °C (th.6). Déroulez une feuille de papier sulfurisé. Déposez les betteraves au centre. Parsemez de la moitié du gingembre et versez 1 cuil. à café d'huile d'olive. Fermez la papillote et enfournez pour 1 h.

4. Préparez les barres de céréales pour les enfourner avec les betteraves. Versez les flocons d'avoine dans un bol, ajoutez la compote de pommes et 2 cuil. à soupe de sirop d'érable. Mélangez bien le tout et ajoutez les raisins de Corinthe. Chemisez de papier sulfurisé un moule à cake et versez la préparation dedans. Tassez bien avec le dos d'une cuillère à soupe. Enfournez pour 15/20 min. Laissez refroidir, démoulez et coupez des barres. Emballez-les bien dans du papier aluminium et placez le tout dans une boîte.

5. Préparez le bowl de lentilles. Versez 1 cuil. à café d'huile d'olive dans une casserole. Faites revenir les morceaux de 1 carotte pendant 2 min puis ajoutez les pousses d'oseille. Laissez fondre pendant 2 min. Rincez les lentilles et ajoutez-les. Couvrez d'eau et laissez cuire 20 min après ébullition (ajoutez de l'eau en cours de cuisson si nécessaire). Salez à la fin, versez dans une boîte avec le jus.

Préparation Menu #3

6. Faites cuire le kasha selon les indications sur le paquet et réservez dans une boîte.

7. Préparez le lapin aux pruneaux. Dans une petite cocotte, versez 1 cuil. à café d'huile d'olive. Faites revenir l'oignon pendant 3 min. Déposez la cuisse de lapin et faites-la bien dorer des 2 côtés. Ajoutez les navets, mélangez puis déposez le bouquet garni. Salez, poivrez et couvrez d'eau. Laissez mijoter 10 min puis ajoutez les pruneaux et laissez encore mijoter 15 min. Laissez refroidir dans la cocotte.

8. Faites cuire le riz sauvage selon les indications sur le paquet et réservez dans une boîte.

9. Préparez le lablabi. Versez 1 cuil. à café d'huile d'olive dans une casserole et faites revenir l'ail pendant 1 min. Ajoutez la boîte de tomates concassées, 1 cuil. à soupe de persil ciselé, salez, poivrez et pimentez selon vos goûts. Laissez cuire 5 min. Égouttez et rincez les pois chiches. Ajoutez-les et laissez encore cuire 5 min. Versez dans une boîte.

10. Préparez la crêpe japonaise. Versez 1 cuil. à café d'huile dans une poêle et faites revenir le chou chinois haché, la carotte râpée et les fanes des navets pendant 8 min en mélangeant

#Conseil nutrition

Cette recette, aux origines tunisiennes, met en avant les **pois chiches**. En plus d'un apport en protéines végétales, les pois chiches sont riches en vitamines, minéraux et en fibres alimentaires. Des études montrent qu'une consommation régulière de légumineuses à des effets positifs sur le contrôle du diabète, une diminution de pathologies cardiovasculaires, et une diminution du risque de cancer colorectal.

régulièrement. Cassez l'œuf dans un bol, ajoutez 80 g de farine de sarrasin, le gingembre râpé restant et 1 cuil. à soupe de sauce tamari. Fouettez à la fourchette. Versez de l'eau au fur et à mesure de façon à obtenir une consistance assez épaisse de type pancake. Ajoutez ensuite les légumes et mélangez bien. Dans une petite poêle, versez à nouveau 1 cuil. à café d'huile d'olive et ajoutez la préparation. Laissez cuire 5 bonnes minutes à feu doux puis retournez délicatement la crêpe, saupoudrez de bonite séchée et laissez encore cuire 2 min. Réservez sur une assiette et filmez.

#Conseil nutrition
Le **chou pak-choï**, aussi appelé chou chinois, se trouve de plus en plus sur nos étals. Il fait partie des légumes les plus pauvres en calories avec seulement 15 calories pour 100 g ! En plus des fibres très intéressantes et de son pouvoir antioxydant, le chou pak-choï est reconnu pour ses propriétés diurétiques.

#Conseil nutrition
Préférez les **saumons d'Alaska**, ils sont généralement sauvages et riches en astaxanthine, un antioxydant et colorant naturel qui donne leurs belles couleurs orangées. La mer d'Alaska est aussi l'une des moins polluées. Les poissons d'élevage ont eux une version synthétique de l'astaxanthine, mais ils contiennent souvent moins de mercure…

11. Terminez par le saumon gravelax. Versez dans un petit bol, l'aneth ciselé, 2 grains de poivre, 15 g de gros sel et 10 g de sucre. Pilez avec un mortier. Déposez le saumon dans le bol et couvrez-le de la préparation. Filmez.

12. Mettez le persil restant dans un petit bocal.

Tout est prêt ! Laissez refroidir.

Placez au réfrigérateur :
* La soupe de mangue (se conserve 1 jour)
* Le bowl de lentilles (se conserve 3 jours)
* La papillote de betteraves (se conserve 3 jours)
* La boîte contenant le kasha (se conserve 3 jours)
* Le lapin au pruneaux (se conserve 3 jours)
* Le riz sauvage (se conserve 3 à 4 jours)
* La soupe de pois chiches (se conserve 5 jours)
* Le saumon gravelax (se conserve 3 à 4 jours)
* Le bocal de persil (se conserve 5 jours)

Conservez au congélateur :
* L'assiette avec la crêpe

Laissez dehors :
* Les barres de céréales

Résultat Menu #3

À faire chaque soir Menu #3

Lundi

Bowl de lentilles tièdes, carottes et pousses d'oseille, saumon gravelax à l'aneth

Temps de réchauffage :
5 min

Les ingrédients : le bowl de lentilles, le saumon gravelax.
Réchauffez à feu doux les lentilles. Versez-les dans un grand bol ou une assiette creuse. Rincez délicatement le filet sous l'eau froide et épongez-le avec de l'essuie-tout. Coupez-le en fines lamelles, déposez-les sur les lentilles tièdes.

Mardi

Lapin aux pruneaux, oignon blanc et navets nouveaux, riz sauvage

Temps de réchauffage :
10 min

Les ingrédients : le lapin aux pruneaux, le riz sauvage.
Réchauffez à feu doux le lapin dans la cocotte. Réchauffez également le riz et dégustez le tout ensemble.

Mercredi

Papillote de betteraves au gingembre et bol de kasha

Temps de cuisson :
10 à 15 min
Temps de réchauffage :
5 min

Les ingrédients : la papillote de betteraves, le kasha, un peu de persil frais.
Préchauffez le four à 180 °C (th. 6) et enfournez la papillote pour 10 à 15 min. Réchauffez le kasha à feu doux dans une casserole et versez-le dans un bol. Ajoutez les betteraves sur le dessus et parsemez de persil frais. Salez et poivrez si nécessaire.

Sortez la crêpe okonomiyaki du congélateur et placez-la au réfrigérateur pour le lendemain.

#Conseil nutrition
L'équilibre alimentaire, c'est avoir au moins **1 produit « cru »** à chaque repas pour maximiser l'apport en vitamines thermosensibles. Dans cette recette, tout est cuit, pensez donc à terminer votre repas par un fruit de saison.

Jeudi

Okonomiyaki : crêpe japonaise aux légumes et farine de sarrasin

Temps de cuisson :
10 min

Les ingrédients : la crêpe japonaise, sauce soja.
Préchauffez le four à 180 °C (th. 6) et enfournez la crêpe japonaise pour 10 min (c'est moins gras qu'à la poêle). Dégustez chaud avec un filet de sauce soja.

Vendredi

Lablabi : soupe de pois chiche et œuf

Temps de cuisson :
5 à 10 min

Les ingrédients : la soupe de pois chiches, 1 œuf extra-frais, le reste de persil.
Versez les pois chiches à la tomate dans une petite casserole et faites chauffer jusqu'à légère ébullition. Versez dans un bol, faites un trou au centre et cassez l'œuf extra-frais. Salez légèrement et parsemez du persil restant. Dégustez bien chaud.
NB : si vous n'aimez pas l'œuf saisi de cette façon, cassez-le dans la casserole pour qu'il cuise plus.

Encas

- **Barres de céréales aux raisins de Corinthe**
- **Soupe de mangue au citron vert**

La soupe de mangue au citron vert est à déguster le lundi. Dégustez les barres de flocons d'avoine le reste de la semaine.

#Conseil nutrition
Que ce soit pour vos petits déjeuners, ou pour un encas, les **flocons d'avoine** sont des aliments à privilégier. Grâce à leur fort pouvoir satiétogène, ils vous permettent d'éliminer les grignotages et petites fringales. En plus d'être à IG (Index Glycémique) bas, ils sont riches en fibres solubles, parfaits pour réguler votre glycémie et votre transit intestinal.

#Conseil nutrition

Il est essentiel de bien choisir ses **matières grasses** en fonction de leur utilisation afin d'obtenir tous les bénéfices des acides gras.

Pour les plats ne nécessitant pas de cuisson et pour l'assaisonnement :

- huiles riches en oméga-3 : huile de colza, de noix, de noisette, d'avocat, de lin
- huile d'olive vierge extra
- beurre

Pour les cuissons à basses température (mijotage, cuisson vapeur…) :

- huile d'olive vierge extra
- crème fraîche, crème de soja, lait de coco (à ajouter en fin de cuisson)

Pour les cuissons à hautes températures (poêle, wok…) :

- huile de coco
- huile d'olive vierge (raffinée)
- beurre clarifié (ghee)

Menu #4

Courses Menu #4

Légumes / Fruits

* 1 botte de navets nouveaux avec fanes
* 4 carottes
* 2 oignons
* 1 betterave
* 1 petit poireau
* 1 patate douce
* 1 petit céleri
* 1 pouce de gingembre
* 1 botte de cerfeuil
* 1 orange bio
* 1 pomme
* 1 petit sachet de mesclun

Viande / Poisson

* 1 blanc de dinde
* 300 g de tronçon de lotte
* 1 filet (150 g) de poisson blanc

Crémerie

* 20 g de roquefort

Placard de base

* 1 cuil. à soupe de graines de lin
* 1 bouquet garni
* 1 pot d'épices au choix : curry, ras-el-hanout, chili, paprika fumé
* 1 cube de bouillon de légumes
* Farine
* Vinaigre de cidre
* Huile d'olive
* Sel
* Poivre

Épicerie

* ½ citron confit
* 50 g de millet
* 1 bocal de pois chiches
* 1 petit bocal de haricots blancs
* 50 g de riz sauvage
* 10 g de cerneaux de noix

Lundi

Cocotte de poisson à chair ferme et légumes

Mardi

Navets vapeur, millet, roquefort fondu et cerneaux de noix

Mercredi

Papillote de blanc de dinde à l'orange, herbes et riz sauvage

Jeudi

Galettes de poisson et patate douce au citron confit et mesclun

Vendredi

Minestrone de légumes

Encas

- Bocal de pois chiches grillés aux épices
- Jus betterave, carotte, pomme et gingembre

#Conseil nutrition

Un **encas** ne doit pas forcément être sucré. Très souvent, les plats salés sont plus rassasiants et ont de meilleures teneurs en protéines.
Le sucre, consommé en excès, crée une dépendance aux saveurs sucrées et est responsable de problèmes de poids et de certaines pathologies comme le diabète ou les maladies cardiovasculaires.

Préparation Menu #4

Au préalable

1) Si vous avez suffisamment de place, sortez les ingrédients dont vous allez avoir besoin pendant la session de cuisine (tout sauf pour le roquefort et le mesclun).

2) Sortez les ustensiles nécessaires :

- 1 centrifugeuse (machine à jus)
- 1 cuit-vapeur
- 1 cocotte
- 2 poêles
- 1 plat à four
- 3 casseroles
- 1 passoire fine
- 2 bols
- 1 économe
- 1 bocal en verre
- 1 pot de confiture
- 1 bouteille en verre
- 6 boîtes ou récipients hermétiques : 5 moyens + 1 petit
- 1 bocal
- Essuie-tout, papier sulfurisé

C'est parti pour 2 h en cuisine !

1. Commencez par préparer tous les légumes.
Coupez les fanes de navets et lavez-les. Épluchez les navets et coupez-les en quatre. Épluchez les carottes, coupez-en 3 en petits cubes et réservez la dernière pour le jus. Épluchez les oignons et ciselez-les finement. Épluchez la betterave, réservez une moitié pour le jus et coupez le reste en petits cubes. Coupez le vert du poireau, incisez le blanc et lavez-le. Hachez-le finement. Épluchez la patate douce puis le céleri et coupez-les en cubes. Épluchez le gingembre. Passez le cerfeuil sous l'eau, séchez-le et ciselez-le. Lavez l'orange et détaillez-la en rondelles fines. Hachez finement la chair du citron confit.

2. Mettez 1 cuil. à soupe de graines de lin dans un bol et couvrez d'eau. Mélangez et laissez gonfler.

→ **3**. Faites cuire à la vapeur les navets pendant 15 min, ou plus si vous les aimez très cuits. Réservez-les dans une boîte.

4. Faites cuire le millet selon les indications sur le paquet. Égouttez et réservez dans une boîte.

5. Préparez la cocotte de poisson. Versez 1 cuil. à soupe d'huile d'olive dans la cocotte et laissez dorer l'équivalent d'un oignon pendant 3 min.

> **#Conseil nutrition**
> Cuisinez autant que possible à la **vapeur**. Ce mode de cuisson est celui qui préserve le mieux les vitamines et minéraux des aliments. Une cuisson à la vapeur n'est pas pour autant sans saveur ; rien ne vous empêche d'ajouter des épices et un filet d'huile pour l'agrémenter.

Ajoutez les fanes de navets, laissez-les fondre 2 min puis incorporez les cubes de 2 carottes, de ½ céleri, de ½ patate douce et de ½ betterave. Mélangez bien. Déposez le tronçon de lotte, mélangez délicatement et faites-la dorer quelques minutes. Couvrez d'eau à hauteur, salez, poivrez et ajoutez le bouquet garni. Laissez mijoter 18/20 min. Laissez refroidir et placez dans une boîte.

6. Préparez la papillote de dinde à l'orange. Préchauffez le four à 180 °C (th. 6). Déposez une grande feuille de papier sulfurisé devant vous. Déposez un lit de rondelles d'orange, réservez-en 3 pour le dessus. Déposez le blanc de dinde sur le lit d'orange, ajoutez les 3 rondelles d'orange et 1 cuil. à soupe de cerfeuil. Salez et poivrez. Fermez hermétiquement la papillote. Déposez-la dans un plat à four et enfournez pour 15 min. Laissez refroidir et placez dans une boîte.

Préparation Menu #4

7. Préparez les pois chiches. Rincez-les sous l'eau claire puis séchez-les avec du papier absorbant en frottant bien pour enlever les peaux. Mettez les pois chiches dans un bol, ajoutez 1 cuil. à soupe d'huile d'olive et 1 cuil. à soupe d'épices de votre choix. Mélangez bien. Mettez une feuille de papier sulfurisé sur la plaque du four, versez les pois chiches et enfournez à la suite de la papillote pour 20 min en mélangeant de temps à autre. Versez dans un bocal.

8. Préparez le minestrone. Versez 1 cuil. à soupe d'huile d'olive dans une casserole et faites revenir l'équivalent de ½ oignon pendant 2 min. Ajoutez le blanc de poireau, les cubes de l'équivalent de 1 carotte et de ½ céleri puis émiettez ½ cube de bouillon de légumes sur le dessus. Versez 60 cl d'eau et laissez cuire pendant 15 min. Égouttez les haricots blancs et ajoutez-les dans la préparation. Laissez encore cuire 10 min puis versez dans une boîte.

9. Préparez les galettes de poisson. Rincez le panier vapeur et déposez le filet de poisson et le reste de la patate douce. Laissez cuire 10 min et réservez dans un bol. Écrasez le tout à la fourchette, ajoutez l'équivalent de ½ oignon ciselé, le citron confit haché, 1 cuil. à café de farine, les graines de lin et poivrez. Mélangez bien. Versez 1 cuil. à soupe d'huile d'olive dans une poêle et faites chauffer.

#Conseil nutrition
La **patate douce** est considérée comme un féculent, elle apporte à peu près la même teneur en glucides qu'une pomme de terre. Elle est cependant plus riche en bêta-carotène, ce doux pigment qui lui donne sa jolie couleur et qui se transforme en vitamine A dans notre organisme.

Formez 2 petites galettes dans la paume de vos mains et faites-les dorer quelques minutes de chaque côté. Laissez refroidir et mettez dans une boîte.

__10__. Faites cuire le riz sauvage selon les indications du paquet, égouttez et réservez dans une boîte.

__11__. Faites griller à sec les noix dans une poêle et conservez-les dans une petite boîte.

__12__. Mettez le cerfeuil restant dans un bocal.

__13. Préparez une petite vinaigrette.__ Versez 1 cuil. à soupe de vinaigre de cidre dans un pot de confiture et versez 3 cuil. à soupe d'huile d'olive, salez et poivrez. Fermez le pot.

#Conseil nutrition
Quels que soient vos **jus**, gardez en tête qu'ils doivent toujours être composé d'au moins 70 % de légumes, afin d'éviter un pic de glycémie lié à l'absorption trop rapide de fructose (sucre présent dans les fruits). Les fruits sont là pour donner à votre jus une douce saveur sucrée, sans excès.

__14. Préparez le jus en dernier.__ Coupez la pomme en quatre. Passez à la centrifugeuse la pomme, le reste carotte, de betterave et de gingembre. Versez le jus dans une bouteille.

__Tout est prêt ! Laissez refroidir.__

Placez au réfrigérateur :

* La boîte sontenant les navets (se conservent 2 jours)
* La boîte du millet (se conserve 3 à 4 jours)
* La cocotte de poisson (se conserve 2 jours)
* La papillote de dinde (se conserve 3 jours)
* Le riz sauvage (se conserve 3 à 4 jours)
* Le bocal de cerfeuil (se conserve 5 jours)
* La vinaigrette (se conserve 5 jours)
* La bouteille de jus (se conserve 1 jour)

Placez au congélateur

* Les galettes de poisson
* Le minestrone

Laissez dehors :

* Le bocal de pois chiches
* La boîte contenant les noix

#Conseil nutrition
Mangez de **saison**, c'est un bon atout pour votre santé. Les aliments sont cultivés dans leurs conditions optimales, et sont plus riches en nutriments. Ils ont également plus de saveurs, car sont cueillis à maturité. Cela permet également de privilégier les productions locales, ce qui est bien meilleur pour notre planète.

Résultat Menu #4

Lundi

Cocotte de poisson à chair ferme et légumes

Temps de réchauffage :
8/10 min

Ingrédients : la cocotte de poisson, du cerfeuil.
Réchauffez la cocotte pendant 8/10 min sur feu doux. Saupoudrez de cerfeuil et poivrez.

Mardi

Navets vapeur, millet, roquefort fondu et cerneaux de noix

Temps de cuisson :
10 min

Ingrédients : le millet, les navets, le roquefort, les noix.
Préchauffez le four à 180 °C (th. 6). Déposez le millet dans le fond d'un petit plat à gratin. Ajoutez les navets sur le dessus puis parsemez de roquefort et de noix. Enfournez pour 10 min.

Mercredi

Papillote de blanc de dinde à l'orange, herbes et riz sauvage

Temps de cuisson :
10/12 min

Ingrédients : la papillote de dinde, le riz sauvage, un peu de cerfeuil.
Préchauffez le four à 180 °C (th. 6). Ouvrez la papillote délicatement pour éviter que le jus ne s'échappe et incorporez le riz sauvage. Refermez et enfournez pour 10/12 min. Ouvrez la papillote et parsemez de cerfeuil, poivrez et salez légèrement.

Sortez les galettes de poisson du congélateur et placez-les au réfrigérateur pour le lendemain.

Jeudi

Galettes de poisson et patate douce au citron confit et mesclun

Temps de cuisson :
10 min

Ingrédients : les galettes, le mesclun, la vinaigrette.
Préchauffez le four à 180 °C (th. 6) et enfournez les galettes pour 10 min.
Versez la vinaigrette dans un saladier, ajoutez le mesclun.

Sortez le minestrone du congélateur et placez-le au réfrigérateur pour le lendemain.

Vendredi

Minestrone de légumes

Temps de réchauffage :
10 min

Ingrédients : le minestrone, le reste de cerfeuil, poivre.
Versez le minestrone dans une casserole et réchauffez à feu doux pendant 10 min. Poivrez et saupoudrez de cerfeuil.

#Conseil nutrition
En consommant des **soupes**, ici sous forme de minestrone, vous obtenez une multitude de bienfaits nutritionnels. Vous faites le plein de légumes en apportant à votre organisme des vitamines et minéraux variés. Elles sont légères et digestes, et participent à notre hydratation quotidienne. Elles permettent également de nous débarrasser de légumes légèrement flétris et donc d'éviter du gaspillage alimentaire !

Encas

- **Bocal de pois chiches grillés aux épices**
- **Jus betterave, carotte, pomme et gingembre**

Consommez le jus de betterave, carotte, pomme et gingembre le lundi et des petites poignées de pois chiches pendant le reste de la semaine.

Menus du printemps

Menu #1 du printemps

Lundi

Velouté de poireaux et bacon grillé à sec

Mardi

Chou-fleur aux épices indiennes grillé au four, faisselle 0 % aux herbes fraîches et quinoa

Mercredi

Papillote de dos de cabillaud sur lit d'asperges vertes, noisettes grillées, trait de citron et filet d'huile de noisette

Jeudi

Salade de fèves aux rondelles de radis, ciboulette et œuf coulant

Vendredi

Wok de blanc de poulet et petits légumes croquants au piment d'Espelette et herbes fraîches

Encas

- Compote de pommes
- Bocal de noisettes grillées à sec

Menu #2 du printemps

Lundi

Soupe de lentilles du Puy aux feuilles de blettes

Mardi

Crevettes rouges à l'ail et piment d'Espelette, petit bol de riz brun aux dés de carotte et fenouil

Mercredi

Salade de côtes de blettes et piccata de veau au citron

Jeudi

Cocotte d'artichauts barigoule et blé

Vendredi

Spanakopita et salade verte au citron et huile d'olive

Encas

- Pommes au four au sirop d'érable
- Skyr aux lamelles d'orange et aux cubes de kiwi

Menu #3 du printemps

Lundi

Poireaux vinaigrette et brochette de bœuf, champignons de Paris au four

Mardi

Velouté de cresson, œuf coque et tartine de pain complet avec chèvre frais

Mercredi

Rôti de porc au four et pois gourmands à l'ail

Jeudi

Bowl de navets, pomme de terre, fenouil et carottes à la vapeur sauce blanche au sésame

Vendredi

Spaghettis de quinoa, pesto de roquette

Encas

- Bocal de muesli maison
- Bâtonnets de légumes et sauce fromage blanc

Menu #4 du printemps

Lundi

Salade de saumon cuit en papillote

Mardi

Coquelet grillé au thym et cœurs d'artichauts vapeur

Mercredi

Jardinière de légumes de printemps à la vapeur, poisson blanc et ail des ours

Jeudi

Soupe à l'oseille garnie de fines herbes et pain grillé au cottage cheese poivré

Vendredi

Crozets de Savoie au sarrasin, petits pois et pesto à l'ail des ours

Encas

- Citronnade au miel et fleur d'oranger
- Dips de radis, fromage frais aux herbes

Menus d'été

Menu #1 d'été

Lundi

Blanc de poulet mariné au citron et thym grillé avec courgettes vapeur

Mardi

Salade crétoise
et morceaux de pain grillé

Mercredi

Gratin de courgettes à l'origan et crevettes au piment d'Espelette

Jeudi

Tomate farcie au riz complet, oignon rouge et origan, pousses de salade

Vendredi

Gaspacho de tomates et tartine de pain complet au chèvre frais et basilic

Encas

- *Energy balls*
- Tisane glacée à la fleur de thym et citron

Menu #2 d'été

Lundi

Sardines grillées, tomates cerise
et cubes de courgettes au four

Mardi

Torsades complètes au coulis de tomates fraîches crues, dés croquants de fenouil et ail

Mercredi

Aubergine et pommes de terre vapeur, sauce tahin au persil

Jeudi

Tian et papillote de dinde

Vendredi

Velouté glacé de concombre et melon, tartine de *cottage* cheese au basilic

Encas

- Sorbet express pêches blanches, safran et pincée de sucre de bouleau
- Bol de chia au jus d'amandes et myrtilles

Menu #3 d'été

Lundi

Salade de poulpe à l'huile d'olive et courgette râpée au jus de citron

Mardi

Légumes d'été grillés au four, quinoa, éclats de feta et basilic frais

Mercredi

Salade Cæsar au poulet vapeur et sauce yaourt aux herbes

Jeudi

Gratin d'aubergine à la parmesane et riz complet

Vendredi

Soupe glacée de concombre à la menthe et yaourt de brebis, rillettes de poisson blanc

Encas

- Faisselle de brebis, sucre de coco et framboises
- Salade de fruits : melon, mûre et jus de citron

Menu #4 d'été

Lundi

Sardines crues à l'huile d'olive et bol de légumes d'été vapeur, quinoa et herbes

Mardi

Grande salade roquette, pastèque, fenouil, brousse, olives, oignon rouge, menthe et pain complet

Mercredi

Cocotte de haricots verts à la tomate et brochette de bœuf au poivron

Jeudi

Chakchouka, œuf et mélange d'herbes ciselées

Vendredi

Soupe glacée de betterave et croûtons grillés

Encas :

- Compote de fruits jaunes et citronnelle
- Shake lait ribot et fruits rouges

Menus d'automne

Menu #1 d'automne

Lundi

Poêlée de champignons, ail et persil, salade frisée et œuf mollet

Mardi

Patate douce au four et lamelles de brebis, herbes, graines et endive

Mercredi

Truite aux amandes et purée de panais

Jeudi

Poêlée de quinoa aux légumes et coulis de persil

Vendredi

Velouté de brocoli, éclats de roquefort et croûtons

Encas

- Porridge au lait d'amande et pomme
- Compote de poires au gingembre

Menu #2 d'automne

Lundi

Grande salade de mâche, endive, poire, figue, noix et cabécou chaud au thym

Mardi

Tajine de coing au poulet et couscous complet

Mercredi

Velouté de pois cassés et chips de bacon

Jeudi

Gratin d'endives à la truite fumée et crème ultra légère

Vendredi

Torsades au petit épeautre, pesto de mâche et carottes

Encas

- Muffins aux flocons d'avoine et chocolat noir
- Salade de fruits d'automne

Menu #3 d'automne

Lundi

Pot-au-feu veggie

Mardi

Poêlée de riz complet et légumes

Mercredi

Salade de fenouil à l'orange et aneth et calamars grillés

Jeudi

Velouté de potimarron, crème de coco, pointe de massala et coriandre

Vendredi

Hachis parmentier de panais

Encas

- Tranches d'ananas à la vanille
- Betterave rose au citron et fleur de sel à croquer

Menu #4 d'automne

Lundi

Figues farcies au chèvre et rôties au four, salade de chicorée

Mardi

Cuisse de poulet grillée, ail en chemise et légumes d'automne

Mercredi

Curry de courges, coriandre, graines grillées et riz sauvage

Jeudi

Papillote de chou de Bruxelles et de poisson blanc

Vendredi

Crème de chou-fleur à la purée d'amande et amandes effilées grillées

Encas

- Graines de courge enrobées de chocolat
- Compotée de figues

Menus d'hiver

Menu #1 d'hiver

Lundi

Cocotte de chou rouge, pomme fruit et marrons

Mardi

Veau grillé à l'orange et purée de céleri

Mercredi

Dahl de courge, lentilles roses au lait de coco, combawa, coriandre

Jeudi

Saint-jacques et purée poireau-pomme de terre

Vendredi

Potage bortsch veggie

Encas

- Salade d'orange à la fleur d'oranger
- Mendiants fruits secs

Menu #2 d'hiver

Lundi

Moules marinières et frites de panais au four

Mardi

Chou-fleur et brocoli vapeur, semoule fine et houmous au cumin

Mercredi

Curry vert de lotte et légumes

Jeudi

Velouté de lentilles corail, carottes, gingembre et persil frais

Vendredi

Côte de porc grillée à la moutarde en grains et purée panais-carotte

Encas

- Litchis et grenade au gingembre
- Tartine à l'avocat

Menu #3 d'hiver

Lundi

Bowl de lentilles tièdes, carottes et pousses d'oseille, saumon gravelax à l'aneth

Mardi

Lapin aux pruneaux, oignon blanc et navets nouveaux, riz sauvage

Mercredi

Papillote de betteraves au gingembre et bol de kasha

Jeudi

Okonomiyaki : crêpe japonaise aux légumes et farine de sarrasin

Vendredi

Lablabi : soupe de pois chiche et œuf

Encas

- Barres de céréales aux raisins de Corinthe
- Soupe de mangue au citron vert

Menu #4 d'hiver

Lundi

Cocotte de poisson à chair ferme et légumes

Mardi

Navets vapeur, millet, roquefort fondu et cerneaux de noix

Mercredi

Papillote de blanc de dinde à l'orange, herbes et riz sauvage

Jeudi

Galettes de poisson et patate douce au citron confit et mesclun

Vendredi

Minestrone de légumes

Encas

- Bocal de pois chiches grillés aux épices
- Jus betterave, carotte, pomme et gingembre

Remerciements

Je remercie vivement mon éditrice Marie Naudet ainsi que toute l'équipe de Hachette Pratique.
Merci à NATSUC pour son sucre de bouleau (WWW.NATSUC.COM)
Enfin, spéciale dédicace à ma cousine Laure-Hélène ;)
Stéphanie de Turckheim

58, rue Jean Bleuzen – 92178 Vanves Cedex

Pour l'éditeur, le principe est d'utiliser des papiers composés de fibres naturelles, renouvelables, recyclables et fabriqués à partir de bois issus de forêts qui adoptent un système d'aménagement durable. En outre, l'éditeur attend de ses fournisseurs de papier qu'ils s'inscrivent dans une démarche de certification environnementale reconnue.

Direction : Catherine Saunier-Talec
Responsable éditoriale : Lisa Grall
Responsable de projet : Marie Naudet
Mise en page : Nord Compo
Relecture : Charlotte Müller
Fabrication : Amélie Latsch
Responsable partenariats : Dana Lichiardopol (dlichiardopol@hachette-livre.fr)

Dépôt légal : janvier 2021
88-1637-6/01
ISBN : 978-2-01-945757-0
Imprimé chez Estella Graficas en Espagne

PAPIER À BASE DE FIBRES CERTIFIÉES

hachette s'engage pour l'environnement en réduisant l'empreinte carbone de ses livres. Celle de cet exemplaire est de :
2,6 kg éq. CO_2
Rendez-vous sur www.hachette-durable.fr